齊克果

Søren Aabye Kierkegaard

吳書榆 譯

齊克果說，在靜默的絕望中，
寫作是生命的救贖，是最真實的人生。

齊克果日記

存在主義之父，現代哲學的出路

Kierkegaard

關於齊克果 1813-1855

一八一三年

五月五日生於丹麥哥本哈根。

齊克果的父親早年是鄉下農工，後來白手致富並娶得富豪之女，躋入哥本哈根上流社會。妻子病間，再娶家中女傭，老年得子，命名為梭倫．齊克果。他對幼子管教非常嚴厲，加以齊克果自幼體弱多病，與兄長們相處不睦，種種因素形成齊克果的憂鬱性格。

一八三〇年

就讀於丹麥伯格戴德中學（Østre Borgerdyd Gymnasium），學習拉丁文和歷史等科目。同年十月進入哥本哈根大學（University of Copenhagen）攻讀神學。求學期間，他對於歷史著作的興趣不大，哲學尤其無法滿足他，他無法理解為什麼要「把自己一生都投入思索」，他曾說：「我真正需要的是弄清楚『我要做什麼』，而非『我必須知道什麼』。」

一八三四年

當時的丹麥將基督教定為國教，只要是在丹麥出生的人都被視為基督徒。但在齊克果看來，他周遭充斥一些有名無實的基督徒。在這段期間他的信仰陷入低潮，生活過得頹靡。開始撰寫日記。

同年，齊克果的母親逝世，據稱死於傷寒，享年六十六歲，她是一名樂觀的女性，但齊克果從未在作品中提及母親。

一八三七年

回伯格戴德中學教授拉丁文。

五月八日，初次認識蕾貞娜・奧森（Regine Olsen），彼此互相吸引。

一八三八年

與蕾貞娜交往。八月八日，父親逝世，享年八十二歲。齊克果深受父親影響，他曾寫道：「我深深渴望他能多活幾年……他的死亡是他給我的愛。」父親死後，有段時間齊克果日記幾為空白。而他的教育費、生活費、甚至出版費用，主要皆得力於父親的遺產。

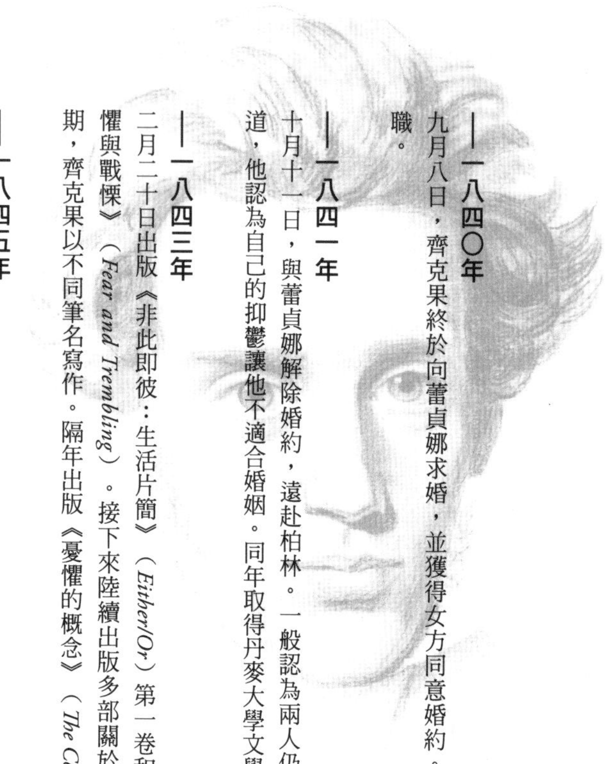

一一八四〇年

九月八日，齊克果終於向蕾貞娜求婚，並獲得女方同意婚約。十一月七日，進入傳教學校任職。

一一八四一年

十月十一日，與蕾貞娜解除婚約，遠赴柏林。一般認為兩人仍然相愛，而齊克果在日記中寫道，他認為自己的抑鬱讓他不適合婚姻。同年取得丹麥大學文學碩士學位。

一一八四三年

二月二十日出版《非此即彼：生活片簡》（*Either/Or*）第一卷和第二卷。十月十六日出版《恐懼與戰慄》（*Fear and Trembling*）。接下來陸續出版多部關於愛的論述集。在這段創作高峰期，齊克果以不同筆名寫作。隔年出版《憂懼的概念》（*The Concept of Anxiety*）。

一一八四五年

與他人合著《生命途中的階段》（*Stages on Life's Way*）。齊克果認為人無法透過客觀性獲得真理，真理只能透過主觀性來呈現。他反對傳統哲學論述將真理視為客觀的知識，所以他不願將自己的想法寫成哲學理論，而是以文學的形式呈現。

完成《對哲學片簡之最終非學術的附筆》（*Concluding Unscientific Postscript to the Philosophical Fragments*）第一部分。

一八四七年

《愛在流行》出版。存在主義是齊克果的神學裡最主要也最重要的部分，他認為人要與上帝建立關係，必須是個人的決定與實踐，而非抽象推理。

一八四八年

《基督教論述》（*Christian Discourses*）出版，許多內容同樣在探討「人的憂懼」。

一八四九年

《非此即彼：生活片簡》二版。七月以筆名反克立馬科斯（Anti-Climacus）出版《死病》（*The Sickness Unto Death*），書中提到：「絕望是一種死病，是心靈之病，是自我之病」。本書可說是齊克果心靈更成熟後，重敘的《恐懼與戰慄》。他認為絕望是不接受自己不想要的自我而最終失去了自我。

一八五五年

在生命的後期寫作與出版許多基督教的論述。十月二日昏倒於路上，十一月十一日逝世於哥本哈根弗德烈醫院。據說齊克果臨終時不願接受教會的聖餐，也不肯讓教會介入他的喪禮。

【導讀】

齊克果——把憂鬱當柴火燃燒的孤星

吳豐維

齊克果是西方哲學史的一顆孤星。他雖以存在主義先驅之姿，在哲學史佔有不朽的地位，但是，如同他喜歡談的「個體」（individual），他就是一個孤零零的困思者，他拒絕建構體系，也無法被編入哲人傳承的系譜。他早年接受神學與哲學教育，以追求兩者為終生職志，但他既沒有如願成為牧師，也沒有闖入哲學象牙塔，反而以蘇格拉底為師，甘於以牛虻自居。齊克果被稱為存在主義之父的原因，在於他把哲學討論的焦點，從對於外在世界的探索、對於知識體系的建構，轉回來人的存在（existence）本身。

齊克果認為，人的存在不可能沒有思想，但是徒有思想亦無法存在，他因此批評當時主流的黑格爾哲學體系，他認為黑格爾雖然架構了一個龐大的理論大廈，但是，這是無人居住的大廈（人反而住在一旁破敗的穀倉！）。齊克果對於脫離具體的、有血有肉的人的存在的形上思想毫無興趣。他認為哲學的使命在於尋找好的人生，所以我們要回到人的存在，理解人的有限、憂慮、恐懼、感性，並且從中找到安身立命的可能。他的書寫充滿文學的澎湃情感，完全不像一般人印象中嚴肅拘謹、細細推證的哲學著作。他終生埋頭苦寫，從二十二歲開始，日夜不休地寫了二十年，累積了驚人的創作量。感嘆自己「從來沒有知己」的齊克果，生前並未獲得思想界的肯定，直到死後才獲得哲學的尊榮。

當齊克果以四十二之年過世，其侄子意外發現他在書房遺留的手稿，而這批手稿在歷代研究者編輯與整理後，才得以完整問世。目前最權威的版本，是哥本哈根大學齊克果研究中心（Søren Kierkegaard Research Centre）編輯的《齊克果著作集》（*Søren Kierkegaards Skrifter*），光是齊克果的著作文本就有二十八冊。這套全集將齊克果的著作分為四大類，第一類是他生前出版的著作，第二類是他生前已整理好但尚未出版的著作，第三類是他的日記、筆記與散筆，第四類則是他的書信。其中，齊克果的日記就佔了九冊，原稿七千頁，記載了他一八三五年到一八五四年的生命點滴。

茫茫數千頁日記，一般人要著手解讀並擷取精華，並非易事。這本齊克果日記選集，以齊克果生命中重大事件與重要人物為經緯，摘錄了相關的關鍵記載，以幫助讀者一窺齊克果曲折的心靈。眾所周知，齊克果喜好「間接溝通」（indirect communication）的手法，他不直接揭露結論、拒絕引導讀者，他只用迂迴的方式刺激讀者思考，因此他的著作充斥矛盾的立場與訊息，他甚至多以不同的筆名出版其著作，以解構人們對於作者的權威想像。他將這種書寫的方法類比於蘇格拉底的助產術，認為哲學家的工作不是灌輸知識，而是幫人們催生知識，因此在關鍵之處，作者必須保持緘默，交由讀者自行判斷與抉擇。與其隱晦的書寫相比，齊克果自己也是一個充滿謎團的人。他為什麼如此執著於寫作？他為何毀棄與未婚妻蕾貞娜的婚約？他為何如此憂鬱？為何父親的意象在他的著作中扮演如此大的角色？齊克果的日記提供了最重要的線索，讓我們可以撥開「間接溝通」的迷霧，直探他不設防的內心世界。

齊克果從小身體羸弱、天性憂鬱悲觀，在他的日記裡散見著對生命、對眾人、對世俗價值的厭倦與不耐，思考與寫作幾乎是他唯一的樂趣。「我想一槍斃了自己」（18頁），二十三歲的齊克果在日記裡描述他在參加一場無聊聚會後的直接反應。他也形容自己「再也懶得去做什麼了」，他抱怨自己的心情「就和太監的性欲一樣，是一潭死水」（22頁）。齊克果的厭世悲觀讓他預言自己無法長命，他終生為憂鬱所擾，甚至反諷地在日記裡寫著：「我有一位密友——我的憂鬱——如影隨形……她是我所知最忠貞的情婦」（31頁）。憂鬱如同幽靈一般跟隨著齊克果，由他日記中憂鬱一詞出現的高頻率可見一斑。

出身在優渥的富裕之家、天資聰穎的他，為何如此憂鬱？他的父親似乎是最重要的原因。從齊克果的日記看來，他認定自己的憂鬱性格遺傳自父親，而父親對他的嚴厲教養更強化了他的憂鬱傾向，因此他描述自己的父親「他用盡方法讓我不開心，把我的青春變成一場沒有同儕相伴的折磨」（53頁）。儘管如此，他也保持對父親的敬愛，經常在日記裡提到對父親的愛與思念，因此我們可以看到他跟父親之間愛恨交織的複雜糾結。為了對抗自己的憂鬱，齊克果用文字爬梳創傷並自我療癒。他在日記裡不斷提及，他之所以寫作，就是為了身心的安適，一旦他開始寫作，就會沉浸在思考的快樂中，忘記所有的人生的苦惱與磨難。他甚至宣稱：「我是靠寫作拯救我的人生，或者說是讓我自己活著」（105頁）。從抽離的角度來看，憂鬱無疑是齊克果生命的枷鎖與詛咒，但同時也是讓他持續書寫的動力來源，使他成為一位把憂鬱當柴火燃燒的思想家。

除了帶給他憂鬱天性的父親以外，齊克果生命中最重要的人，就是他無緣的未婚妻蕾貞娜。齊克果二十四歲時認識蕾貞娜，三年後向她求婚（他在日記裡承認，他求婚第二天就後悔了），不到一年旋即悔婚，寧願擔上負心漢的罵名。透過齊克果的日記，我們發現，齊克果並不像《誘惑者的日記》裡那位始亂終棄的浪蕩子，在與蕾貞娜解除婚約後，他說自己「整夜都在床上流淚」（71頁），即使他到了柏林，每天仍痛苦地思念著她。事隔多年後，齊克果依舊再三寫下對她的愛意，在知道蕾貞娜結婚後，齊克果還忿忿寫下「如果她從我這裡確知我過去與如今是如何深愛她，她將會對自己的婚姻感到後悔」（203頁）。既然如此深愛蕾貞娜，為何齊克果仍執意與她解除婚約？齊克果的理由是害怕自己的憂鬱會帶給蕾貞娜不幸。

與蕾貞娜分手後，沒有了世俗的羈絆，加上從父親那兒繼承來的豐厚遺產，齊克果開始心無旁騖地創作，接連出版了《非此即彼》、《恐懼與戰慄》、《憂懼的概念》等等代表作，開始以作家之姿行走於哥本哈根，但是與《海盜報》（*The Corsair*）的衝突，讓他更為避世。《海盜報》是丹麥的小報，專門刊登諷刺文章，一八四六年刊登了嘲諷齊克果的圖畫與文章，將他描寫成一個滑稽的怪人，害齊克果在街上被眾人指指點點與訕笑，他稱之為「被鵝群踐踏而死」（121頁）的緩慢凌遲。這些被眾人誤會與敵視的不愉快經驗，讓齊克果更加認清「群體」（crowd）的危害性。他將這些無知的大眾稱之為「暴民」與「無意見的烏合之眾」。齊克果對於庸俗大眾是徹底敵視的，在他心目中，「群體」帶來盲動與錯謬，唯有「個體」才是通達真理的道路。

齊克果對於「個體」的重視體現在他的生命哲學與宗教信仰中。他宣稱「真理就是主體性」（truth is subjectivity），真理不是外在的事態，而是對人自身存在意義的理解。他將宗教階段視為是人生的最高階段，並以真正的基督徒自居，然而，他卻是丹麥教會最嚴厲的批判者，他認為一八四九年丹麥將基督教立為國教後，丹麥就背離了真正的基督教精神。他相信，真正的信仰必須是從「個體」的內心出發，直接通達其信仰的神，而不是來自於外在的灌輸與社會壓力，將信仰與社會中的律法與規範等同視之，是對信仰的最大貶抑。在他嚴格的檢驗下，他直言「我從來一個基督徒也不認識」（241

頁），在他看來，對教會言聽計從的信徒完全走錯了信仰的道路。

對於一般讀者而言，齊克果日記提供了一個可親的人性故事，對於研究者而言，這批日記是理解齊克果洞見的重要指引。或許有人會質疑：日記手稿是否是齊克果另一場「間接溝通」的展演？齊克果侄子在書房意外找到日記遺稿時，發現日記都已清楚地編排與歸類。此種情節與齊克果最重要的著作《非此即彼》裡的情節竟意外契合（該書中的《誘惑者的日記》是假託的編者在舊書桌夾層中意外發現的手稿，內容記述了與齊克果與蕾貞娜相似的愛情故事）。齊克果當初寫下日記時，是否即預見有一天會被人出版？又或許日記也是齊克果為後人佈下的陷阱？真相如何，我們不得而知。但無論如何，齊克果日記都是喜愛齊克果的人不可錯過的材料。

本文作者為文化大學哲學系副教授、台灣高中哲學教育推廣學會理事長

CONTENTS

第四部　哲學與科學　131

第五部　基督教　223

CONTENTS

第一部　心靈迷宮

001

我剛從一場派對回來，我是派對上的活力與靈魂：我字字珠璣，人人都因此歡笑，崇敬我——但我走開，我在這篇日記裡確實需要用到如地球軌道一般長的破折號——

——我想一槍斃了自己。

一八三六年

002

一位生了病但仍可四處走動的音樂家用某種簧管（我看不到這是什麼樂器，因為他人在隔壁的院落）演奏《唐．喬凡尼》[1]裡的小步舞曲，藥劑師用搗藥杵搗藥，女傭在院子裡灑掃[2]，諸如此類的，他們什麼都沒注意到，或許根本也沒感覺到有人在吹簧管，但我感覺到這份美好。

一八三六年六月十日

003

去死吧，我什麼都可以切割，就是切割不了自己；我連睡夢中都忘不了自己。

一八三六年

004

很多人走到了生命的盡頭還像是個小學生；他們抄數學課本的解答以欺騙老師，懶得替自己求答案。

一八三七年一月十七日

1 編按：《唐．喬凡尼》（*Don Giovanni*）為一七八七年莫札特的歌劇。

2 編按：原文有所散佚，經學者考證後補上散佚的文句：「馬夫在刷洗他的馬兒，並用韁繩一遍一遍拍打馬鬃刷，賣蝦商人的吆喝從城的另一頭遠遠傳過來。」

005

我們都必須走的路——跨越嘆息橋[3]走入永恆。

一八三七年

006

讓生命變成如此苦澀的都是卑鄙的奚落逗弄。面對著強風時我將掙扎，我的血管幾乎要脹破；但是，那陣把灰塵微粒吹進我眼裡的輕風，則會讓我跺腳。

這些卑微的奚落逗弄，就好比一個人想創一番豐功偉業，想要建立一家偉大的企業，讓他在此付出自己人生、也讓他人的人生有所依靠仰賴——然後，有一隻牛虻就停在他的鼻頭上。

一八三七年

007

一個念頭追逐著另一個；我想到並剛要寫下來的時候，另一個新的想法又來了——捉住它，緊握它——瘋了——癲了。

一八三七年

008

我痛恨偽知識分子到了極致——派對上常有老小姐不經意地在我旁邊坐下，然後開始不斷丟給我她的家族資訊，我得用盡全副心力聽她喋喋不休。

一八三七年

3 編按：所指為威尼斯的嘆息橋（Ponte dei Sospiri），犯人在總督宮（Palazzo Ducale）宣判死刑後，需通過此橋前往死牢，途中因即將告別人世而嘆息，故而得名。

〇〇九

我喜歡和散播家族閒言閒語的老女人談話；其次，是和瘋子——最後，則是通情達理的人。

一八三七年

〇一〇

我再也懶得去做什麼了；我懶得走路——走路太費力；我懶得躺下來，因為我可能會躺太久，我懶得這麼做，或者，我得馬上就起來，而我也懶得這麼做——我也懶得去騎馬——這種運動對我的冷漠來說太費勁兒了；我能做的就是坐在馬車裡，舒舒服服的，在忍受崎嶇路面顛簸的同時，也讓大量的人或物從我身邊溜過，慢慢享受每一片美好的風景，好替我的倦怠加點滋味——我的想法與理念就和太監的性欲一樣，是一潭死水——我找尋或許能讓我生氣盎然的事物，但徒勞無功——連中世紀的洗鍊語言，都無法征服我身上瀰漫的那股虛無。現在我真正明白了「基督的語言就是生命和靈魂」的這種說法——簡單來說就是這樣：我懶得寫下我剛剛寫的，我也懶得說出口。

一八三七年

OII

阿瑪格廣場[4]上又展開了新生活，由常民生活構成的色彩繽紛、花團錦簇織錦，在廣場上攤了開來。昨天半夜有個衣衫襤褸的人被抓了，因為，一位守夜人說，此人行為惡劣欺侮他人，但本應通報這類事件的另一位守夜人沒看見此事，犯行者後來遭到毆打——而且是在不公平的情況下——據信如此——但沒人申訴——根本沒人知道這件事。今天生活一如往常進行——這還只是阿瑪格廣場而已——相較之下，丹麥、歐洲、

4 編按：阿瑪格廣場（Amagertorv）位於哥本哈根市中心，是丹麥極為古老的市集，因中世紀時阿瑪格農夫在此販售商品而得名。

全世界又將如何呢？

一八三七年

012

「愛鄰如愛己」，庸俗的資產階級[5]如是說；這些人從前是受到悉心照顧的小孩，現在則是國家的有用公民——他們很容易被身邊不時出現的情緒流行病所影響——這是說，一方面，如果有人說要一把剪燭芯用的剪刀，就算他們離對方很遠，他們也會說「沒問題」，然後起身，把剪刀拿給對方，並不斷向對方說「這是我的榮幸」；另一方面，他們又必須牢記要去參加所有道義上不得不去的追悼會上致意。但他們從不知道什麼叫做被全世界拒於門外，當然這是因為他們這一群社會性魚群生活的棲地不容許發生這種狀況，然而，當有人非常需要他們的協助時，常識會理所當然地告訴他們，這個急需他們伸出援手的某某某，大概將來也沒有地位權勢可以回報他們，因此這個人並不是他們的「鄰人」。

一八三七年七月十八日

013

庸俗的資產階級總是跳過生命中一個很重要的部分，正因如此，他們才拙劣地模仿其他更高階級的人。對他們而言「道德」最高等；道德比才智更加重要；他們從未對偉大的人、有才華的人有過熱情，無論這些人是否符合社會慣例皆然。庸俗的資產階級的**道德**即是各種警察單位規範海報的簡短摘要；對他們來說，最重要的是要成為國家有用的公民，以及夜晚時分在俱樂部裡大放厥詞；他們從不感懷神祕的事物、遠去的事物，從沒做過任何能感受過深刻恩典的事，比方說口袋裡只帶著四毛錢和一根細長的竹杖就

5 編按：齊克果時常諷刺庸俗的資產階級及其道德價值觀，認為這讓他們無法理解偉大或天賦才華；齊克果對於有才華、但不守常規的人物很有興趣，例如「唐璜」（Don Juan）。

從北門溜達出城；他們根本沒領略過這種人生哲學（諾斯底派[6]奉行這套哲理，是吧），這套哲學的目標是要透過罪愆了解這個世界——但他們也說人必須在年輕時過著放蕩的生活（「從未喝醉過的人，不是正直的人」[7]）；他們從不曾一窺根本概念，而，一個人惟透過隱藏的暗門——這道門只在先知先覺一閃而過時才轟然開啟——方能穿越嘆息的黑暗境域——才得以看到被誘惑與陷阱碾碎的祭品，以及誘惑的冷酷無情。

一八三七年七月十四日

014

每個人都用自己的方式報復這個世界。我的是把悲痛和苦惱深深嵌入心理，用我的笑聲逗每個人開心。如果看到有人受苦，我會同情他，盡我所能安慰他，並在他信誓旦旦說**我**很幸運時安靜地聽他說。如果我能持續這麼做到我死的那一天，那我就完成復仇了。

一八三七年

015

末日審判真是非常可怕，所有的靈魂又活了過來——並且完全**孤獨地**立著，孤獨而且誰都**不認得**，誰都不認得。

一八三七年

016

有一天，我落入一種很奇特的心情，整個人陷在裡面（感覺上或許有點像是在老廢墟），並在泛神論的崩解當中慢慢失去自己和自我。我正讀到一首舊民謠（出自史尼多福．博區[8]編輯的民謠集），一個女孩希望她的情人在星期六的夜裡到來；但他沒有出

6 編按：諾斯底主義（Gnosticism）是倡導救世的哲學性宗教，或稱靈知派和靈智派，最早出現於西元前一世紀，其字根 gnosis 在希臘文意為「知識」。

7 編按：指當時流行的德文民謠〈沒喝醉過的人〉（Wer niemals einen Rausch gehabt），歌詞首句為「從未喝醉過的人，不是正直的人」（Wer niemals einen Rausch gehabt der ist kein braver Mann）。

8 編按：史尼多福．博區（Frederik Sneedorf-Birch, 1805-1869）是丹麥作家和民俗學家。

現——她上床「而且痛苦地哭泣」；忽然間，有一幅情景在我的心裡不斷放大：我看到日德蘭[9]石南花排成一種難以言喻的孤寂姿態，和孤單的小雲雀一起——小鳥兒一代接著一代出現，牠們都為我初試啼聲，痛苦哭泣，然後沉入牠們的長眠之所，而我也跟著牠們哭泣。

說來奇怪，我最能發揮想像力的時刻，是我獨自坐在一大群人當中，喧鬧嘈雜為我提供基礎，讓我的意念能緊附在目標上；少了這樣的環境，若要我用膽怯不安擁抱著一個模糊意念，會讓我流血至死。

一八三七年十二月三十日

017

所有的存在都讓我驚恐，從最小的蒼蠅到道成肉身[10]的奧祕；所有的存在皆難以理解，我自身的存在尤為甚之；所有的存在都惱人，我自身的存在尤為甚之。我的悲傷深重、無限。無人知曉，除了天上的神，但祂也不會安慰我；除了天上的神沒人能安慰我，但祂不會憐憫我——（不會對我說：）朝氣蓬勃的年輕人啊，你仍然行於路途初始，如果你失去方向，轉向，喔，回到神的身邊，透過祂的教誨，你將能保有你的青春，增強力量以便在成人時能有作為。你永遠不必知道（另一個）他必須受什麼苦，他浪費了青春時光的經歷與勇氣，就為了反抗神，現在，他惶惶不安又無助，必須避靜，穿越頹圮之地與破敗之區，四周圍繞著的是造成毀壞的可憎之物，是失意的城市和冒著煙、被剝奪希望的廢墟，繁榮遭踐踏，興盛之時永不復返，避靜的腳步緩慢如苦熬的歲月，漫長若永恆，唯一的打擾只有不斷重複的感嘆：「我（在那些歲月裡）毫無喜樂。」

一八三九年五月十二日

9 譯註：日德蘭（Jutland）是北歐北方的半島。

10 編按：基督教信仰中，認為耶穌為上帝之「道成肉身」（incarnation），如此能維持一個上帝的理念，也就是「三位一體」（Trinity），視上帝為一個本質的三個位格（聖父、聖子、聖靈）。

018

人幾乎從未善用自由，比方說思想的自由；人反而要求言論的自由。

一八三八年

019

我從不曾如此熱烈地希望有人跌倒，或者（哥本哈根的）尼博橋（Knipple Bridge）就當著他們的面立了起來，唯有在面對那些永無止盡地，想著必須在世上有所成就的汲汲營營商人時才會這樣；他們和我們其他人不同，當尼博橋豎起時，他們會認為那是一個沉思的好機會……。

一八四〇年

020

我覺得我目前的人生就好像是棋局中的棋子，聽到對手說：「不可動這只棋——當旁觀者一樣放著就好。」屬於我的時刻尚未來到。

一八三九年五月二十一日

021

除了和我大致維持表面關係的幾個熟人圈之外，我有一位密友——我的憂鬱——如影隨形，出現在我欣喜之時，在我工作之時，向我招手，把我喚到她身旁，雖然我的形體還留在原地，但我也就這樣跟著去了：她是我所知最忠貞的情婦，而我納悶的是，就我來說，我為何會做好準備隨時即刻跟上她的腳步。

一八四一年

022

……當上帝希望讓某個人熱切地與祂緊緊相繫時，祂會召喚祂最忠實的僕人、祂最信賴的信差——悲傷，然後發出命令：快去追他，趕上他，不要離開他的身邊（……沒有哪個女人能比悲傷更溫柔地纏著心愛之人）。

一八四一年

023

前幾天有個人因為天生高貴、富有等等而自覺重要；如今我們更自由，更身在「世界史」當中，現在我們所有人都因為生在十九世紀而顯得重要——喔，了不起的十九世紀！喔，多讓人羨慕！

一八四四年

一位幽默人士所說的話 024

「最讓一個人自在的是，混過一輩子，別讓國王、王后、王太后或王儲等權貴之士認識你這個人，因此，回過頭來，對我來說，若讓神知道我這個人，一定會讓人生變得負擔重重。不論祂到了哪裡，就算只有半個小時也無限重要。沒有人能忍耐著這樣過六十年；人能為了期末考強記硬塞，但，這畢竟也只有三年的內容，而且也不像前面這樁任務這麼費勁。衝突會消磨一切。他們一會兒向你傳教，要你不可半夢半醒迷迷糊糊，拿出無限的熱情過生活。好，你整備好：你一身筆挺地過來，在隊伍裡站得筆直——然後有人對你說你應該減速慢行。這究竟什麼意思？到最後，所有人類的成就都是一樣的，而且這整件事也沒這麼重要。這跟我最近看醫生時的情況是一樣的。我抱怨身體不太舒服。他回答：『或許是因為你喝太多咖啡，走路又走得不夠多。』三個星期後我再度和他談話，我說：『我真的不太舒服，但現在不可能是喝咖啡的問題，因為我已經不喝咖啡了，也不是缺乏運動的問題，因為我一整天都在走路。』他回答：『那你的問題一定是因為你不喝咖啡而且走太多路。』換言之，我同樣都是不舒服，如果我喝了咖啡，是因為咖啡的問題；如果我不喝咖啡，是因為不喝咖啡才有問題。我們人類的情況也是一樣。人生在世是一種不舒服，部分理由是因為太努力了，另一部分的理由則是太不努力了，如果深入探究原由，被你問到的人會先回答：『你是不是太努力了？』如果你回答是，他就會說：『那問題就在於你過度勤奮工作。』如果你回答否，那他就會給你相反的答案，然後夾著尾巴逃之夭夭。就算有人給我十個銀幣，我也不願收下這筆錢，把人生的奧祕說給他聽。總之，我何必呢？如果人生是謎團，是難題，提問的人到最後也會碰到。當他覺得再也沒人熱切地試著給他答案時，他就會自己找出解答。發明這個難題的不是我，在《自由週刊》（*Den Frisindede*）、《自由射手》（*Der Freischütz*），以及其他刊物都報導了這個難題，接著在下一期提出答案。報章雜誌裡提到了某某人解決了問題，就在同一天，我們其他人都還在找解決方案，而且這兩者之間的差異對我來說並無不同。」

（解決問題的是老處女或領年金的退休人士）

一八四五年

一段話

就和一個人渴望丟掉繃帶卻徒勞無功一樣，我健康的靈魂也渴望丟掉身體的虛弱（旁註[11]：被汗水浸濕的悶熱敷料：身體與身體的虛弱）；就好比戰無不勝的將軍，當他騎著的馬挨子彈時，他會大喊要換一匹新的馬——喔，若我更加強健的靈魂敢於呼喊：給我一匹新的馬，給我一個新的身體（旁註：只因為原來這副身體已經累垮了）就好了；就像一個站在海邊、生命受到威脅的人，卻有另一個正要溺水的人奮力抓住他一隻腳，他會用盡全力把此人推開，我的身體也就像這股把我拖下去的重量，卻依附著我的靈魂，未來將以腐朽告終；這種情況，就好比引擎在整個車頭結構中所佔比例太大的蒸汽機：這就是我受的苦。

一八四五年

11 編按：齊克果習慣在日記書頁中留下大量的頁邊空白，以利他修改文字，在本書中皆以「旁註」的方式呈現。

○26

從最早的童年時期開始，悲傷的尖刺便留在我心裡。只要它在那裡，我就變得譏諷——但若拔掉這根刺，我會死。

一八四七年

○27

這是現代物質主義中極為出色的黑色幽默、警世格言：避靜如今的唯一用途是作為懲罰，一如監獄。過去無論世俗物質主義有多盛行，人們仍相信避靜之益，換言之，當時避靜受到尊崇、被視為最高等之事，一如永恆的命運——至於目前，避靜遭人厭惡，變成一種詛咒，只用關禁閉來處罰罪犯。唉，變化真大。

一八四七年

028

這是一個老故事。有人有了重大發現——是人類的勝利；一切的一切，都急切地設法要讓這項發現達到盡善盡美。人類歡欣鼓舞，崇拜自己。長久之後，忽然打住了——有個人停下來問：「這項發明真的一件大好事嗎？尤其是，真的已經達到非常美好的地步了嗎？」之後出現了新的呼聲，要求最出類拔萃之輩去思索，這些人絞盡腦汁幾乎到瘋狂的地步，以尋找出安全閥、調節器或阻礙物等等事物，目的是，若有可能的話，能夠及時煞車，以防止這項無與倫比且無比完美的發明、人類的驕傲對全世界施暴，因而造成毀滅。比方說，印刷術的發明，在精益求精之後成了高速的印刷機器，再怎麼樣的粗字劣文都保證能印出來，比如說鐵路，比如說自由憲法，這些無比完美的發明——人類的驕傲——讓我們渴望某種東方的專制主義，因為這類制度讓其子民擁有更多快樂的機會。[12]

一八五〇年

12 編按：一八四六年，為了加快印製速度，倫敦《泰晤士報》（*The Times*）建造了世上第一部轉輪印刷機；一八四七年，丹麥的第一條鐵路啟用；一八四八年革命之後，丹麥由君主專制轉為君主立憲。

029

對比

上帝的話語（僅以口語溝通）從人類的口中說出，之後又寫了下來——今天，每個愛鬧扯的人都可以說上幾句這些印刷出幾千份、幾萬份的胡言亂語。

根據現在的思維，我們會預期上帝至少會想等到印刷術發明之後才出世，等到時機成熟之時，等到祂可以弄到一、兩部高速印刷機時。喔，上帝的話語居然是這樣進入世界，對人來說真是一大諷刺；傳播福音做得愈是糟糕，愈是能透過新的發明廣為流傳，對人來說真是一大諷刺。

一八五一年

030

「釘上蓋子」

這句話出自一首古老的讚美詩。釘上蓋子，這個蓋子，指的是棺木的上蓋；釘牢了，而且要快，這樣的話——就像小孩找到好地方可以躲時湧出的幸福感——我或許能保有平靜，真正躲起來。

穩穩釘好蓋子——躺在棺木裡的不是我，不；躺在那裡的，是我極度渴望拋下的這副背負罪愆的身體，是我被迫套上的囚服。

一八五四年

031

「釘上蓋子」

傾聽婦女在分娩時的哭喊，凝視垂死的男人在臨終時刻的掙扎，然後告訴我，在人生的起始與終途，可有一絲一毫打算讓人享受之處。

說真的，我們人類都竭盡所能，盡可能遠離生死這兩點；我們急切地想忘掉陣痛時的哭喊，把生產變成給予另一個人生命的喜悅。有人過世時我們則急著表示：他是安詳且輕柔地長眠了；死亡是一場大眠，一場安安靜靜的覺。

我們所做的一切並非為了逝者，因為不管我們做什麼對他來說皆無濟於事，我們全都是為了自己，因為這樣我們才不會失去生的歡愉；我們所做的這一切，是要盡量在生之哭與死之哭當中、母親的哭喊與臨終時孩子再次哭泣之間，增添生的歡愉。

假設在這之間有一處富麗堂皇的殿堂，在這裡，毋須耗費心力就能擁有永恆的祝福與喜樂——但若要進入這裡，必須爬上危險、骯髒的梯子，沒有沾上噁心的髒污絕對到不了，還得為娼為妓才能拿到入場券，而且，黎明將至之時，歡愉也將終了，等有人被丟出這座殿堂之後，一切終將結束——但在這一整夜，毋須耗費心力就能激起無盡的歡愉和欣喜。

其中的深意是什麼？當然這意味著我們要去思考兩個問題：我如何進入這個世界，又要如何離開、如何結束。但是，人們做好所有準備，只為遺忘進與出的一切；做好所有準備，只為規避及詭辯進與出的問題，然而，在產婦的哭喊聲與生命終了、死亡將至時再起的哭聲間，有的只是孤獨與迷失。

一八五四年

第二部　人際交往

一、父與子

032

於是，發生了大地震[1]，這場可怕的巨變，忽然讓我不得不找出一套新的、萬無一失的法則，用以詮釋所有現象。於是，我懷疑起父親的高齡並非上天的賜福，而是一種詛咒；我們家族出眾的心智天賦，只是為了讓我們互相刺激；看著父親時，我看到一個註定要活得比我們長久的將死之人，在他自己求來的墳上掛上十字架，此時我感受到身邊湧起死亡的寧靜。我們全家都被壓在一股罪惡感之下；上帝必然要懲罰我們；我們家族必要消失，被上帝萬能的手掃到一旁去，被毀滅，和做錯的實驗一般被刪去，而，我只有偶爾才感到一絲絲的放鬆，因為我想到父親擔負了重任，借重宗教安定力量，撫慰我們所有人，替我們安排好他的臨終儀式，希望不管發生什麼事，都能有一個更美好的世界在我們眼前開啟，不論我們在塵世間是否失去一切，不論猶太人一向希望敵人承受的懲罰如何加諸在我們身上；我們所有的記憶與足跡都將被全然**銷毀**，沒有人能找到我們。

一八三八年

033

我的內心碎成片片，全無可能如同一般人在人世間過著快樂的生活（「我希望得福，在世長壽」）[2]，完全無望擁有幸福、舒坦的未來——這樣的未來，是家族生命歷史綿延不絕傳承下來最理所當然的結果，也自然而然導致家族生命史的延續——無怪乎我在絕望的孤立之中僅能依附人類的內在智性，緊緊抓住一個念頭：唯有我可觀的心智天賦才是我唯一的慰藉，概念才是我唯一的歡愉，我對於人群則無動於衷。

一八三八年

1 編按：齊克果日記中並沒有說清楚「大地震」究竟是指什麼，歷來學者亦眾說紛紜：一說大地震指齊克果知道了父親年輕時的罪惡，認為此招致了家族受到詛咒，家人皆會比父親早死，年邁的父親註定將白髮人送黑髮人，這場「大地震」進而導致了齊克果與父親、與基督教的決裂。另有學者認為，大地震指父親的過世，父親終究死於齊克果之前，證明以往認定的家族詛咒是錯誤的，「於是，我懷疑起……」應該是指「在當時，我懷疑起……」，這個「當時」指父親過世之前，齊克果對父親招致家族詛咒的疑慮。

2 編按：出自聖經《以弗所書》（*Ephesians*）第六章第三節「要孝敬父母，使你得福，在世長壽」，是《出埃及記》（*Exodus*）第二十章第十二節中摩西所言的變化形：「當孝敬父母，使你的日子在耶和華你神所賜你的地上，得以長久。」

〇34

十

我父親在八日星期三凌晨兩點時過世。我深深渴望他能多活幾年，我認為他的死亡是他最後的犧牲，是他給我的愛，他雖然並非**被我所害**，但也是**為我而逝**，是為了讓我仍能有所轉變。他遺留給我的，有對他的記憶，以及他美化過的形象；美化並非透過我的想像力虛構出充滿詩意的畫面（這並無必要），而是透過許多我現在方能體會的個人特徵，這些記憶是我最珍貴的寶貝，我將努力保密，不讓這個世界知曉，此時此刻我覺得真正能與我談父親的**僅有一人**（艾米爾・博森[3]）。他是我「忠誠的朋友」。

一八三八年八月十一日

〇35

我坐在這裡，孤身一人（我想我常常單獨一人，但我從未正視這一點）計算著我何時能看到賽丁[4]。我不記得父親曾有過什麼轉變，現在我要去看看，他還是貧窮小孩的時候，負責照料羊群的地方；因為他提過這些地方，讓我對這幾處也有了鄉愁。想像一下，萬一我現在病倒了——然後長埋在賽丁的墓園！真是奇怪的想法。我已實現了父親的遺願[5]——我在世上的命運是否也完滿了？天哪！畢竟，比起我負欠他的，我的任務絕對沒有這麼無足輕重。我從他那裡學到父親的愛，這讓我想到天父的愛，這是生命中唯一無可搖撼的根基，真正的阿基米德支點[6]。

一八四〇年七—八月

---

3 編按：艾米爾．博森（Emil Boesen, 1812-1881）是齊克果從小就熟識的朋友，或許也可說是齊克果一生中唯一的密友，齊克果最後一個多月在醫院的時光，就是由博森陪伴在側，博森並將齊克果臨終前，兩人的著名對話紀錄下來，連同兩人多年來的魚雁往返，皆成為研究齊克果不可或缺的珍貴史料。

4 編按：賽丁（Saedding）是齊克果父親的出生地，是一片荒原。

5 編按：齊克果的父親希望他通過神學畢業考，獲得神學學位。

6 譯註：阿基米德支點（Archimedean point），阿基米德曾說過一句名言：「給我一個支點，我可以舉起整個地球。」

036

這片荒原鐵定特別適合培養強壯的心智：在這裡，一切都呈現**赤裸**的狀態，在上帝面前**毫無遮攔**，各種讓人分心的事物在這裡都沒有容身之地，但此處又有很多奇特的縫隙與裂痕可供人隱藏心思，讓人難以認真集中凌亂的思緒。在這裡，心智一定會不斷步步自我進逼，確定且準確無誤。「我往哪裡去逃避你的面呢？」[7]事實上，當人獨自在荒原時，便可以這般自問。

一八四〇年七—八月

037

靜默的絕望：故事一則

年輕時，斯威夫特牧師[8]創辦了一所精神病院，年老時他自己也住了進去。據說當時他經常看著鏡中的自己說：「可憐的老人。」

有一對父子，兩人都有天分，都很機智，尤其是父親。每一個知道他們住哪裡而且常去拜訪的人，都覺得他們逗趣。他們常常互相辯論並娛樂對方，相處起來像是兩個聰明的平輩伙伴，而不是父子。做父親的偶爾會看著兒子，看出他有麻煩了；之後他會站在兒子面前，並說：「可憐的孩子，你即將面臨靜默的絕望。」（但他並未更深入詢問兒子；唉，他做不到，因為他也陷入靜默的絕望之境）。除此之外，沒有人再對這個主題多說一個字。這對父子可能是有史以來在人類的記憶中最憂鬱的兩個人。

這就是「靜默的絕望」一詞的起源。其他的情境之下不用這個詞，因為一般來說，人們對絕望另有想法。每當這個做兒子的在心裡想到「靜默的絕望」一詞時，他必會崩潰，痛哭失聲，部分源於這個詞莫名地讓人生畏，部分則是因為他想起父親的聲音；他的父親就像所有憂鬱的人，一般的沉默寡言，但同時又擁有憂鬱的犀利力量。

7 編按：出自聖經《詩篇》第一三九篇七節「我到哪裡去躲避你的靈？我往哪裡去逃避你的面呢？」

8 編按：指《格列佛遊記》（*Gulliver's Travels*）的作者強納生．斯威夫特（Jonathan Swift, 1667-1745），是愛爾蘭聖公會的牧師，晚年擔任都柏林聖派翠克大教堂（Saint Patrick's Cathedral）的牧師。多位親友的逝世及自身的病痛，讓斯威夫特瀕臨精神錯亂，有人認為他已經瘋了，但他仍寫作不輟，後人根據其遺囑，用其遺產創辦聖派翠克精神病院（St Patrick's Hospital for Imbeciles），現為聖派翠克醫院。

做父親的認為兒子的憂鬱是自己的錯，做兒子的也認為父親的憂鬱由己促成，因此他們從未能對彼此開誠布公。父親對兒子所發的感嘆，是把自己的憂鬱爆發出來，因此，當他在說他做了什麼時，他是在和自己對話，而不是對兒子說。

一八四四年

038

有一對父與子的關係，是兒子私底下發現父親背後的一切，卻又不敢去了解。[9] 他的父親受到世人尊敬、敬畏上帝且非常嚴格；只有喝醉時父親才會冒出幾個字，讓兒子懷疑最糟糕的情況是什麼。做兒子的從不曾多說一句，也從來不敢去問父親或其他人。

一八四四年

039

父親過世時，希博恩[10]對我說：「現在你無法通過神學畢業考了，對吧？」但事實上我考過了；要是父親還活著，我絕對辦不到。當我毀棄訂婚誓約時，彼得[11]說：「現在你迷失方向了。」但，顯而易見的是，如果我學到了什麼重要之事，都要歸功於人生走到這一步。

一八四四—一八四五年

---

9 編按：齊克果可能在有意或無意之間了聽到年老父親的懺悔，知道父親在髮妻死後的短短數月就誘姦了自己的年輕女僕，並在她懷孕之後娶了她，即齊克果的母親。齊克果認為這或許不是父親的唯一一樁罪惡，父親晚年極為嚴厲的個性，可能源自對早年荒淫的反射。

10 編按：希博恩（Frederik Christian Sibbern, 1785-1872），丹麥哲學家，一八一三年起在哥本哈根大學任教授。

11 編按：彼得指的是齊克果的哥哥彼得．齊克果（Peter Christian Kierkegaard, 1805-1888），他是丹麥神學家、政治家，兄弟倆的宗教觀互相牴觸。齊克果臨終前在醫院時，甚至不許彼得踏入病房探視，最後齊克果的葬禮，仍由彼得做佈道演說，但彼得並未立刻替齊克果立碑，許久之後才為他立了一塊大理石碑。

040

那個人可怕的案情，當他小時候在日德蘭荒原放羊，遭受許多苦痛，經歷飢餓與疲憊，站在山丘上詛咒上帝！而那個人永遠無法忘記此事，即便他已經高齡八十二[12]。

一八四六年

041

我的父親過世了——我卻得到另一個父親取代他：天上的神——之後我發現，在實質上，我的第一個父親向來都只是我的繼父，我的第一個父親，只是象徵性的。

一八四八年

042

父親對我說的一切都實現了。「人類要獲得拯救免除某些罪，唯有透過上天超凡的救贖。」從人類的觀點來看，我的一切都要歸諸於我的父親。他用盡方法讓我不開心，把我的青春變成一場沒有同儕相伴的折磨，使我內心的難受不下於我感到被基督教誣衊之時，或者實際來說，就是我**遭到**誣衊之時，但出於對基督教的尊崇，我決定一個字也不向人吐露，出於對父親的愛，我盡量真實地表述基督教，而不傳揚基督教世界裡傳播的那種毫無意義的基督教教義；我的父親是最慈愛的父親，我過去一向、未來也將深深渴慕他，不論早晚，我從不曾忘記過他。

一八四八年

12 編按：齊克果的父親辭世於八十二歲。一八六五年時，負責編纂齊克果遺留手稿第一版的編輯，將本篇拿給他哥哥彼得，當時彼得也已六十歲，老彼得看完後，淚眼婆娑地說：「這說的是我父親的故事——以及我們的故事。」

○43

要證明靈魂永生、上帝存在等等，最好的證據實際上是人在小時候獲得的印象，也就是說，這項證據和許多學習而來的、誇張的證據不同，這可以摘要成一句話：這絕對為真，因為我父親是這麼對我說的。

一八四八年

○44

父親的死亡對我來說確實**是**非常折磨的經驗——至於**有多**折磨，我從未對人吐露過。再加上我早年的人生被籠罩在最幽暗的憂鬱與最深層、最陰暗的憂愁悲苦當中，無怪乎我會變成現在這個樣子。但這一切都仍是我的祕密。同樣的事若發生在別人身上，或許不會留下這麼深刻的印象，但我的想像力非常陰沉，尤其是在它剛剛覺醒，尚未執行任何實質任務之前。如此原始的憂鬱，繼承了如此巨大的傷悲，以及最深刻意義下的悲劇：我是由悲傷老人養大的孩子，但天生擁有精湛演技足以騙過每一個人，彷彿我是活潑歡笑的化身；想想這一點，然而，到了最後，是上帝幫助了我，一如我的父親。

一八四八年

○45

兒童在宗教上會面臨的最危險處境

最危險的並非父親或教師是自由思想者，甚或是偽善者。不；最危險的在於他是虔誠且敬畏上帝的人，孩子對這一點深信不疑，卻發現父親的靈魂深處隱藏著焦慮，彷彿敬畏上帝與虔誠仍不足以帶來平靜。真正的危機就在此處，孩子幾乎是被迫得出對於上帝的結論，亦即，他認為，說到底，上帝並非無盡慈愛。

一八五〇年

046

給予另一個人生命是一大恩惠！沒錯，幾乎是如此。疲弱的好色之徒，年邁的老人，基本上已經沒有性能力了——事實上他們卻無法控制自己的色欲，說他們的用意賜與他人大恩大德，亦即，給人生命，是一種偽善的說法。呃，謝謝你！還有這個美好的人生！這種卑下、可憐、痛苦的存在，造就了許許多多的後代。這不是很棒嗎！[13]

一八五四年

二、蕾貞娜

○47

喔，神哪！人有多麼容易就遺忘了這個念頭！我再度回到這個世界，只為了能暫時統御這個世界——但我卻在自己的內心王國遭到罷黜。但，喔，「人若賺得全世界，賠上自己的靈魂，有甚麼益處呢？」[14]今天（五月八日），我再一次試著遺忘自我，但不是借用塵世的喧囂，因為這樣的代替毫無助益：我靠的是去羅丹家[15]走走，和布蕾特談談天，（若有可能的話）也把我戲謔逗樂、妙語如珠的惡魔留在家裡，那樣的靈魂有著一把炙熱的劍——這是我活該要受的——擋在我與每個純潔少女心之間——喔，神哪，

13 編按：齊克果有六個兄弟姊妹，包括齊克果在內的五位都過世得比父親要早，這讓父子皆相信，父親的罪惡招致了上帝的憤怒，而受到懲罰。

14 編按：出自聖經《馬太福音》（*St Matthew*）第十六章第二十六節「人若賺得全世界，賠上自己的生命，有甚麼益處呢？」

15 編按：「去羅丹家走走，和布蕾特談談天」這句話在日記手稿中被齊克果劃掉。齊克果持續拜訪友人彼得．羅丹（Peter Rørdam, 1806-1883），目的是為了見羅丹最小的妹妹布蕾特（Bolette Rørdam, 1815-1887），由於布蕾特已經訂婚，齊克果因此對這段感情感到有些罪過，但他正處於絕望的孤寂中，無法停止去羅丹家拜訪她。在一次的拜訪中，齊克果與年僅十四歲的蕾貞娜．奧森（Regine Olsen, 1822-1904）不期而遇。

當祢擊倒我，我感謝祢並未馬上讓我瘋狂——我從未如此懼怕瘋狂，我再一次感謝祢俯耳傾聽我。

一八三七年五月八日

○48

今天又是同樣的場面——同樣的，我又想盡辦法去羅丹家裡——仁慈的神啊，為什麼這樣的傾向恰好在這時候覺醒——喔，我是何等孤寂——喔，這是一種詛咒，詛咒著忍受孤獨時讓人驕傲的滿足感——現在所有人都會鄙視我——喔，但是，我的神啊，我懇求祢，不要遺棄我——折磨我讓我活下去，並成為更好的人。

一八三七年五月九日

○49

就像一株孤寂的松樹，自私地封閉自我，直指天際，我站著，沒有投射一絲影子，只有野鴿在我的枝椏中築巢。

一八三七年七月九日星期天，腓特烈堡公園，寫於拜訪羅丹家之後

○50

你是我心目中的女王（**「蕾貞娜」**）[16]，收藏在我心最深處，在我的思維最充滿活力之處，從那裡，到天堂與到地獄都是等距——是未知的聖地！喔，我能否真心相信詩人的吟唱：當一個男人初見摯愛時，他會相信他早就見過她了，所有的愛，就像所有的理解一樣，都是記憶而已，而這樣的愛，也在對方心中，自有愛的預言，愛的型態，愛的神祕，愛的舊約聖經。在每個女孩的臉上，我處處都看到各種特質提醒我妳的美麗，

16 編按：蕾貞娜（Regina）在拉丁語裡意指「女王」。

對我來說，我彷彿需要所有女子，才能從她們身上淬鍊出妳的美，我必須走遍世界才能找到我渴望的陸地，在我整個人的存在中，最深刻的祕密便精準地指向此處；而就在下一刻，妳如此貼近我，就在我左右，強而有力地注入我的靈魂，讓我感到自己被美化了，深感我能在這裡真的是太好了。

喔，盲目的愛神！你看進我們隱蔽的深處，你是否將對我揭露愛情？我能否在塵世間找到我所覓，我能否體驗我從已經偏離的人生先導條件中得出的**結論**，我能否擁你入懷——還是，**你是否命我走我路**？

你是否已經在我眼前消失，我的**渴望**，你是否改頭換面，從另一個世界召喚我？喔，我將拋下一切，盡可能輕盈，以便追隨你。

一八三九年二月二日

〇五一

……你說，「我損失了的，或者，我剝奪了自己的」；唉，你何以知道或了解我失去了什麼。在這件事上，你最好保持沉默——哪會有人比我自己（我把自己極愛沉思的靈魂，盡可能營造成精緻高雅的環境，以迎合她的純潔與深刻）更了解我的黑暗、想法，我憂鬱的夢境、我閃耀的希望——還有最重要的，我從未經歷的多變與不安，簡單來說，我所有的才智都抗拒著她的深刻——就在我凝視著她無盡的愛之時，我目眩神迷——畢竟，再無事物能和愛一般無盡——也或者，當時她的愛並沒有這麼深刻，但她在愛的光影之下舞著，超越了深刻——這就是我失去的：我唯一鍾愛的事物；這就是我失去的：我以紳士身分說出世人眼中的至理名言，不管過去還是未來，我一向把我的榮譽、歡愉、驕傲當成賭注下在這裡——亦即，我一定要忠實……當我寫下這篇日記之時，我的靈魂受到打擾，就和我坐在客艙裡的身軀一樣，因為輪船的雙重律動而搖晃不已。

對我來說真的很難，尤其是現在，此時我極渴望做點什麼，讓自己去從事本來應該由女子與孩子去做的事——祈禱。

你說，她很美。喔，對此你又知道什麼了；我是知道的，因為她的美麗讓我付出了眼淚——我送她鮮花增添她的美；我願用世上所有的飾品來裝扮她——當然僅限於能讓她散發優雅的程度——之後，當她娉婷而立，華服盛裝，我卻必須走開——當她天生歡愉、熱愛生命的目光迎上我時，我卻必須離開——那時我「就出去痛哭」[17]。

她不愛我突出的鼻子，不愛我細膩的眼睛，我小小的雙腳，或是我聰明的腦袋——她只愛我，但她也不了解我。——

一八四一年十月二十五日[18]

○52

一個人和另一個人最可能出現宗教問題上的誤解之處，就是在一男一女之間，男子想要教導女子宗教；但是，全部的恩典根本已經在那裡了，就在這個**為了**上帝而存在的人身上，後來變成她心愛的對象。

一八四八年

○53

一段話：「喔，當一個人身為男人（這種事大部分發生在男人身上），當整個存在都用青春的語言來和此人對話，那麼，這個人很難老到像永恆之老這麼老。我曾愛過一個年輕女子，她如此可愛，又如此年輕（這麼年輕又這麼可愛，必是一種福氣！），而且既有說服力又能激勵人心。喔，真是悲哀啊：我已成永恆，老到不適合她了。」

一八四八年

○54

好奇怪！在我最初幾次和她談話時，有一次我深深被撼動，我最深處的存在也被擾亂，那一次是我對她說：「每一代人中總有些人註定要為他人犧牲。」很有可能，她並

17 編按：語出聖經《路加福音》（*Luke*）第二十二章第六十二節「他（指彼得）就出去痛哭」。

18 編按：齊克果在一八四一年十月十一日與蕾貞娜解除婚約，並在同月二十五日前往柏林，由哥哥彼得和好友艾米爾・博森送他上船。

不了解我在說什麼，或許我也無法清楚表達自己（在任何情境下，只要涉及我內心的苦痛我都做不到，真的），我完全不知道這會開始讓她受苦。但正因為她自然、年輕的快樂伴隨著我可怕的憂鬱，在如我們這樣的關係中，迫使我嘗試了解自己；從前我從未懷疑過我自己的憂鬱有多嚴重；過去我沒有真正的指標來衡量一個人可以多幸福。

因此，我相信我被犧牲了，因為我明白了我的苦痛與苦惱讓我具有創造力，能深入探究真相，而，回過頭來，這或許能嘉惠他人。

自此之後上帝引導我前行，現在我來到一個點上，在這一點上，以外在世界來說，某些人要為他人犧牲，這句話是成立的。

一八四八年

○55

她說了一個關於我的預言：你最後一定會成為耶穌會信徒。在年輕、浪漫的想像中，耶穌會教義代表的是年輕人完全無法掌握的努力奮鬥與 τέλο（最終目的〔希臘語〕）。

一八四八年

056

一八四〇年夏天我通過了神學畢業考。

當時，我不多費事，直接去她家拜訪。我前陣子去了日德蘭，那時可能就有點在誘惑她（比方說，在我不在時把書借給他們，以及要他們讀特定的段落[19]）。

我八月時回來。從八月九日一直到九月這段期間，嚴格來講可以說是我在追求她。

九月八日，我離開家，一心一意要解決這整件事。我們在她家門外的街上碰面。她說家裡沒人在。我魯莽地將這句話解讀為邀請，這正是我需要的。我和她一起上樓。我們就在站那裡，客廳裡只有我們兩人單獨相處。她有一點慌張不安。我要她為我演奏一

19 編按：在一八四三年齊克果匿名出版的《誘惑者的日記》（*A Seducer's Diary*）中，男主角也是這樣追求女主角。

曲，就像平常一樣。她照辦了，但是我無法順利打開話頭。之後我忽然抓住樂譜，闔上，帶著一點暴躁，把琴譜丟在鋼琴旁，說：「我幹嘛管音樂，我要找的是你；我已經找你兩年了。」她仍沉默。事實上，我並沒有做什麼能讓她著迷的事；我甚至警告她避開我，避開我的憂鬱。當她提到她和舒爾格[20]的關係時，我說：且讓這段關係變成插曲，畢竟我擁有優先權。（附註：再想一想，她一直到十日時才提起舒爾格，八日時她對此一句都沒說。）她基本上沉默無語。我後來離開了，因為我很怕有人進來發現我們在一起，並注意到她有點困擾。我直接去找議員。我知道我十分擔心在她心裡留下太強烈的印象，也怕我的來訪某種程度上會引發誤解，甚至會有損她的清譽。

她父親既未說好，也沒說不好；但我很容易就猜到他很願意。我想跟他約個時間見面，我們約在九月十日下午。我沒有多說一個字來誘惑她——而她的答案是好。

我馬上開始和她全家人建立起關係。我的精湛演技發揮了作用，特別是和她父親面對面時；順帶一提，我真的一向非常喜歡他。

但內心啊……！第二天我就看出我犯了錯。像我這樣的一個人，我正在懺悔苦行，我的 vita ante acta（過往的人生〔拉丁文〕），我的憂鬱……我只能承受這麼多了。

我在那段時間所受的苦，筆墨難以形容。

那時她顯然毫不知情。反之，後來，她變得非常自大，宣稱她出於同情而接受我，簡言之，我幾乎沒想到她會如此過分自信。

從某方面來說，這造就了危機。我想，如果她不是真心這麼認為，不像有一次她（很認真地）說：「如果我認為你來找我是基於習慣，我會馬上取消婚約。」——就像我說的，如果她不是這麼認真，我會好過一點。從另一方面來說——我承認我的懦弱——有那麼一會兒她真的惹惱我了。

於是我多加了把勁——她真的投降了，接下來的情況完全相反，她完全交出自己（出於愛慕，對此我必須要負一部分責任，因為我太清楚建立關係的難處，我知道我應該用盡最大的力氣強壓住我的憂鬱，不要感情用事，如果可能的話，我應該對她說：「投降吧；展現你的驕傲，只會把事情〔指分手〕變得更容易。」這完全是肺腑之言，我用誠心對她，但用深刻的背叛來對待自己。）

20 指佛瑞茲．舒爾格（Frederik Schlegel, 1817-1896），是蕾貞娜的老師，當時已向蕾貞娜示愛，並於一八四七年十一月三日與蕾貞娜成婚。

如今我的憂鬱自然而然又甦醒了，她真的投降了，而這意味著我再度必須把最多的「責任」攬上身——她的驕傲某種程度上減輕了我的「責任」——我看出我們一定會取消婚約。我現在的判斷、以及我過去的想法是，這是上帝對我的責罰。

我無法以純粹的情愛來說她留給我的印象是什麼。確定的是，她幾乎是出於愛慕而委身於我，要求我愛她，這讓我深為感動，讓我願意為她冒所有的風險。同樣的，我是多麼愛她，從我不斷試圖隱瞞我真的深受她感動，便足以證明，但，這畢竟和情愛的本質無關。

如果我不是一個懺悔者，如果我沒有 vita ante acta，如果我不憂鬱，那麼，與她結合將會讓我得到迄今夢寐以求的快樂。即便我必須說——因為很不幸的我是這樣的我——我在沒有她的不幸裡會比有她時更快樂——但她還是感動了我，我願意，不，比願意更願意，去做任何事。

而她也略知和我一起將如何。她常常說這些話：反正你無論如何都不會快樂，不管這樣或那樣都一樣，我能不能留下來和你在一起又有什麼差別。有一次她也對我說，她將不會過問我任何事，只求她能留下來。

但在我理解中，有一股神聖的力量阻礙我們的結合。那就是婚禮。我必須用盡力氣保持沉默，把這一切歸諸不真實的基礎之上。

我寫信給她，退還她的戒指。信裡的一字一句都可以在〈心理實驗〉[21]裡找到。我特意完全把這事當成歷史，不向誰說起，一個人都不提。我比墳墓還沉默。萬一她湊巧讀到了這本書，我只想提醒她這一點。

在這兩個月的欺騙當中，我時時在尋找明智的方法告訴她，要她直接離開：放棄吧，放開我；你將無法忍受。她卻用熱情回應我，說她什麼都願意忍受，就是不願放開我。

我也提過要用另一種面貌來描述這整件事，亦即當成是她主動取消和我的婚約——好替她保留所有顏面。她不想這樣：她回答，如果她可以承受取消婚約，或許也能承受丟臉，她還補充說（不無蘇格拉底式的風範），她推斷無人敢在她面前讓她覺得丟臉，至於他們在她背後說什麼，則根本無所謂。

21 編按：〈心理實驗〉（The Psychological Experiment）可見齊克果一八四五年出版的《生命途中的階段》（*Stages on Life's Way*）〈罪？／非罪〉（Guilty?/Not Guilty）一章中，齊克果收錄了整封信，並說明了與蕾貞娜解除婚約的整個過程。

婚約還是取消了——就在兩個月後。她很絕望，我這輩子第一次責備她。這是我唯一能做的事。

離開她後，我直接去戲院，因為我想和博森見面。（當時，整座城裡傳遍了一個編出來的故事，說我看著手表，對著〔奧森〕那一家人說，如果他們還有什麼要說，請快一點，因為我趕著去戲院。）戲已落幕。當我起身離開頭等座席後方的座位時，奧森議員從前排座位走過來對我說：「我能和你談談嗎？」於是我們去他家。他說，她很絕望。這對她來說會是死刑，她深深陷入絕望之中。我說：「我會安撫她，但這件事已經決定了。」他說：「我是一個驕傲的人；我很難向人低頭，但我懇求你，不要和她解除婚約。」他真的很了不起；我很感動。但我堅持自己的觀點。我和他們一家共進晚餐，離開時還和她談了談。隔天早上，我收到一封他稍來的信，說蕾貞娜徹夜未眠，我必須過去看看她。我去了，也讓她了解我的理由。她問：「你永遠都不結婚嗎？」我回答：「對，等十年後或許我放浪形骸夠了，我會需要一個年輕女子來讓我回春。」這個答案是必要的殘酷。接著她說：「原諒我對你所做的一切。」我答：「我才是那個要請妳原諒的人。」她說：「答應我，你永遠都會惦記著我。」我答應了。她說：「吻我。」我做了——但不見熱情。仁慈的上帝啊！

我脫離這段關係，像個無賴，或許該說是個大無賴，但這是我唯一能做的；這是為了讓她平靜，展開旅程邁向另一段婚姻；在此同時，這也是體貼的騎士風範。憑我敏銳的才智，我一定很容易就能脫離讓人羞愧的情境。——

此舉具有騎士精神，這句話是一位名叫康士坦丁·康士坦烏斯[22]的年輕人說的，我也認同他。

我們就這樣分開了。我整夜都在床上流淚。但是，白天時我變成平常的那個人，表現得更加輕率與戲謔，超過實際上必要的程度。我哥哥告訴我，他要去奧森家向他們證明我不是無賴。我說：「如果你這麼做，我會用子彈射穿你的腦袋。」——這是證明我有多在乎這件事的最好證據。

我去了柏林。我非常、非常痛苦。我每天都想到她。直到現在我都還堅持我的承諾：每天至少為她祈禱一次，通常是兩次，就算是在別的時候，我也時時想起她。

22 編按：一八四三年，齊克果以康士坦丁·康士坦烏斯（Constantin Constantius）為筆名，發表《重述》（*Repeatition*），書中的年輕男子因自覺為了一名女孩犧牲了對上帝的愛，感到無比焦慮和抑鬱，希望心理學能幫助他認清自我。亦有學者指出《重述》一名暗示齊克果渴望與蕾貞娜重修舊好。

婚約取消時，我的感覺是：你要不就落入最狂野的浪蕩，要不就是絕對的虔敬，那是另一種不同於牧師的「混合式」（Melange）[23]生活。

《誘惑者的日記》是為她而寫，幫忙把她的船推向彼岸。《兩篇訓義談話》的序言也是為她所寫，當然還有更多；這本書的出版日期與獻詞則是為了獻給我的父親。[24]書中有大量的線索提到放棄，大意是一個人的行為若違反了信念，只會失去摯愛。她讀過了；是希博恩告訴我的。

一八四九年

三、保羅・謬勒

057

又過了一段很長的時間，在這段期間內，我連整理好自己、做點最微不足道的小事都辦不到——現在我應該試著重新開始。

保羅・謬勒死了。[25]

一八三八年四月

23 編按：「Melange」原意是「混合」，又可指一種丹麥廠商出品的調和菸草，此處指齊克果想過的生活，要比牧師所傳布的生活更加虔敬與純粹。

24 編按：《兩篇訓義談話》（*Two Edifying Discourses*）序言中提到「這篇序文獻給『一位我懷著喜悅與感激稱之為我的讀者的獨立個人』」，一八四九年時，齊克果在另一篇日記中提到，當他寫下這段話時，心中特別想的是蕾貞娜。《兩篇訓義談話》的成書日期為一八四三年五月五日，是齊克果的三十歲生日。

25 編按：保羅・謬勒（Poul Martin Møller, 1794-1838）是丹麥學者、作家，齊克果大學時曾修過謬勒的哲學課，謬勒是齊克果的良師益友；日記在謬勒於一八三八年三月十三日過世後中斷，直到四月的這一天，齊克果才繼續開始寫日記。

○58

我想聽到尼爾森[26]吟誦：「為丹麥而歡欣」，有句話讓我萬分感動：「你記得那個四處旅行的人嗎？」是的，確實，他現在遠去了——而我，我這個人，當然必定會記得他。

一八三八年四月二日

○59

非凡之人

我還記得保羅．謬勒臨終之際說的一段話，當他還活得好好的時候，常對我說這段話（還有另外這段話：「告訴小齊克果，他一定要了解不要設定太過龐大的研究計畫，因為這對我造成了極大的傷害。」），如果我沒弄錯的話，他也很樂見希博恩一次又一次對我說：你根本就是「為了跟人辯論而辯論」，這糟透了。

保羅．謬勒是不是在臨終前要希博恩對我說這句話（你根本就是「為了跟人辯論而辯論」，諸如此類），我已經不能確定了，但我存疑。然而，至於另一段話，我記得非常清楚，那是希博恩在保羅．謬勒過世前最後一次和他說話時講到的。第一段話（你根本就是「為了跟人辯論而辯論」），是他在世時常常對我說的，希博恩在他過世之後接手，好幾次都用這句話來教訓我。

年分不明

26 編按：尼爾森（N.P.Nielsen, 1795-1860）是丹麥當時知名的演員兼朗讀者。

第三部　身為作家

一、文學評論

〇6〇

我必須說，真的好奇怪。我已經決定要改寫《兩篇訓義談話》的短序[1]，這是因為我覺得原來的序文中藏著某種精神層面的愛情，也因為原序並未中肯呈現辯證的對照，讓我斷難平靜下來。因此我直奔印刷廠。結果怎麼了？排字工人居然替這篇序文說情。雖然我有一點嘲笑他，但我還是對自己說：「就讓他成為『那個讀者』，也就是我的讀者。」這個想法讓我很開心，我決定先印兩本，其中一本給排字工人。看到他流露的情感真是一件極為美好的事。一般人可能會覺得，一個排字工人，可能會比作者本人更厭倦手稿吧！

一八四三年

061

確實，作家的命運逐步落到最不幸的狀態。一般來說作家必須自我推銷，就像《廣告報》（*Adresseavisen*，發行於哥本哈根的報紙）上的園丁求職欄小照一樣，手裡拿著帽子，卑躬屈膝，以出色的介紹信自我推薦。這麼做真是愚蠢：寫作的人必定要比讀的人更了解他所寫的內容；不然的話，就別寫了。

或者說，一個人必須設法成為狡猾精明的專門律師，精於欺騙大眾——我不會這麼做，不，我不會；不，我不會——不，魔鬼會奪走一切。我用我希望的方式寫作，這也正是該有的方式；其他人可以做他們想做的事，他們可以不再買書，不再閱讀，不再評論，諸如此類。

一八四三年

1 參見第二部編按24。

062

在我們這個時代，寫書變得極為可悲；人們書寫著他們從未真正思考過的事物，更別說親身經歷了。因此，我決定，只讀由遭處決者，或是以某種程度來說，冒過生命危險的人寫的作品。

一八四四年

063

我懇求所有的書評高抬貴手，我痛恨文學評論，就像痛恨已出師的流動理髮師拿著刮鬍用具追著我跑一樣，他用同一套用具刮所有客戶的鬍子，並用他濡濕的手指拍遍我整張臉。

一八四四年

064

說到底，歌德（Johann Wolfgang von Goethe, 1749-1832）在自傳《詩與真實》（*Aus meinem Leben: Dichtung und Wahrheit*）一書裡除了是才華洋溢的謬誤捍衛者之外，還有什麼？在這本書裡，根本無一處顯示他領悟到了什麼理念，但他當然知道要如何從每件事上（女子、熱烈之愛的概念、基督教義，凡此種種）拐彎抹角地講到自己，扯到自己身上。（旁註：只要你願意，這其實費不了多少心思；與賦予罪行浪漫色彩的罪犯相比之下，歌德的行徑僅有程度上的差異，他是「透過寫作拉開與其〔罪惡〕的距離」，這話是我齊克果說的）。

一八四四年

065

如果有人想質疑「我們生活在事物不斷變動的時代」這句話的真相，請他記住葛維隆牧師[2]現在過的生活；此人遠遠超越阿基米德，他不需要、也沒想過需要一個支點，就能移動天堂和地球，他甚至連立足點都不需要就能辦到。他需要的少之又少，或者說，他什麼都不需要，就能帶來絕大的效果，此外，他還會大發雷霆；你很容易就能看出來，在我們這個時代，事物不僅在變動，事實上還必須要不停擾動，才能成為這位「北歐啤酒」[3]巨人的當代人。

一八四四年

066

一小群熱心人士，在葛維隆的「北歐啤酒」酒吧集結成群。

一八四五年

或許——我找不到更準確的詞彙來說了，因為我很清楚一個人要抽象地正確判斷自我有多困難——或許，現在的我本來可以順利放棄創作，專心接下某個政府職位，前提是一切必須處於理所應當的狀態，而且我明顯能自由扭轉局面。但如今已經不可能了。對我來說，要成為牧師很困難；如果我自己選擇走上這條路，我可能要冒著成為他人絆腳石的風險，就和之前我訂下婚約時的情況一樣。而且，我現在很難孤身一人住在鄉下，因為某種程度上我很痛苦，我需要創作的魔力幫助我忘卻生活的平庸瑣碎。

我愈來愈明白我已經定形了，我無法成功實現理想中的我，從另一方面、亦即人性面來說，我已經超越理想中的我了。通常，多數人設定的理想目標是要達成偉大、非凡的成就，但他們永遠也辦不到。我太過憂鬱，無法定下這樣的理想。其他人會嘲笑我的理想。確實，我的理想是成為丈夫，活著只為了成婚。但你看看，雖然我放棄這個目標，最後我卻成為作家，而且可能還是個出色的作家，誰又想得到呢？我的第二個理

2 譯註：葛維隆牧師（Nikolaj Frederik Severin Grundtvig, 1783-1872），丹麥神學家、哲學家、作家與教育家。

3 編按：葛維隆牧師常常成為齊克果譏諷的對象；當齊克果稱神父是「啤酒北歐（Nordic-beer）人」時，是以丹麥文玩雙關語的遊戲。諷刺葛維隆神父將北歐神話及傳說帶入丹麥的歷史教育當中。

想，是要成為鄉下教區的牧師，生活在寧靜的景致當中，成為我周圍小小生活圈中不可或缺的一環——但你看看，雖然我放棄這個目標，但我很可能實現了顯然更為偉大的理想。

當敏斯特主教[4]建議我成為鄉村牧師時，他顯然不了解我。這當然是我的心願，但我們兩人的前提不同。他假設，無論如何，我會想把這當成志業，因為我渴望成為偉大的人，但，這正是問題所在：事實上我渴望盡量渺小；那正是我憂鬱的癥結所在。因此，我很樂意被視為半個瘋子，因為這只不過是一種用來擺脫平庸的消極方法。而且這很可能就是我理所應當的存在理型，我絕對無法達成小人物那種愉快、平靜的存在。

一直以來我對自己內心的了解，以及我之所以從來無法對人說起我真正顧慮的理由，在我和敏斯特主教談過之後又再度確立了：這完全發揮不了作用，因為我無法、也不敢把完整構成我最深刻存在的本質說出口，也因此，對我而言，與他人的對話如同欺騙。在和如敏斯特主教這樣的人來往時，我更深深覺得這是何等悲哀，因為我是如此崇敬他。

一八四六年十一月五日

o68

我特別想表達生命途中的各個不同階段，可能的話想放進同一部作品裡，而我也正是這樣構思我所有以筆名出版的作品。懷有這種想法之後，很重要的就是要保持穩定的平衡，比方說，隨著我日漸老去，宗教不會出現在我往後的日子裡，以確保我的寫作風格不至於失去崇高、充滿創造力的開朗，以合乎美學的觀點。並不是說我認為宗教也應該這樣生氣勃勃，而是作家應該要有能力將之創作出來，並釐清即便宗教缺乏這樣的風格，作家也不能因此缺乏必要的朝氣。

或許別的作家也有能力寫出同樣的作品；但是，如果他無法在五、六年內完成，就永遠無法完成。因此，我全部的工作都很獨立，不僅對其本身如此，隨附的好運亦然。

雖然我仍遵循最嚴格的紀律，不容自己忽略最微不足道的逗點，但我仍要加快速度寫出這部作品，這當中還有另一個原因：我的財務狀況，不容許我繼續投身於我長久以來所效力之事，以及迄今為止所達成的高度，此結合了法官與助產士的概念（審

4 編按：敏斯特主教（Jacob Peter Mynster, 1775-1854），丹麥神學家，一八三四年起擔任丹麥西蘭島（Sjælland）史匹勒路普（Spiellerup）教區的主教。

判——助產催生的概念[5]）。這不是直接的、大聲指責的那種「審判」——而是間接的，根據我們這個時代行事，並為它創作名言警句。

然而，實際上我也透過堅持替自己樹立障礙[6]。假若我只有目前的一半堅持，此時的我應該更能為人所理解。但上帝喜悅人順從，勝過公羊的脂肪[7]。思考則喜悅堅持，勝過在社會的蜚短流長之間獲得認同。

不管你相不相信，很多人認為我是個馬虎的人。我完全相信，其他丹麥作家都不能像我一樣，全心全意關注最微不足道的用詞。兩部舊作的改寫是我親手寫下每一個字；有三、四部的改寫也由我自己寫了大部分。我加入了（箇中滋味完全不足為外人道）我散步時的思索，而且在寫下來之前，多次對自己朗讀每一個字——這樣他們還說我「馬虎」！為什麼？因為人們不知道寫作要花上多少精力，（他們以為）作家這種人不過就是坐在房間裡一天寫幾個小時，其餘時間就把想法拋諸腦後。這種作家，等到他又回來工作時，才花時間繼續寫，而在我到家時，也帶回了我在外頭時累積的所有思索，連風格形式都已了然於心。[8]

所以，人們每每讀到我寫的幾頁文章時，幾乎定會對於我的風格感到驚訝——好厚重的一本書——這怎麼可能呢——**所以**：這必然是隨手塗鴉，但真相是如果一個人願意把全副的心力和犧牲投入在某一件事上，那就有可能。

從某方面來說，我痛恨存在——我只喜愛一個想法，那就是一個人可以成為他真正**願意成為**的人——我自己便是人們的警世格言，從他們對我的評斷來看，這些人根本無法了解我的堅持，這是讓人極為難過的證據，證明了有類別之分，證明了平庸，而他們在平庸這一類別裡自有同伴。

一八四六年

5 編按：齊克果提出「審判－助產催生」（judging-maieutic）的概念，一如蘇格拉底「助產士的／啟發問答式」（maieutic）的教導方式，藉由作者、編者、讀者間的對話與辯證，幫助他人了解問題。

6 編按：指齊克果自己使得人們難以理解，並抗拒自己的作品。

7 語出《撒母耳記上》（*Samuel I*）第十五章第二十二節「聽從耶和華勝過向祂獻上公羊的脂肪」。

8 編按：齊克果極少讓人到他的家中，他時常散步，與街上的人交談，從中獲取寫作的靈感。

069

現在人人都可以隨便針對一件事，寫出一篇不錯的文章；但是現在或將來都無人能夠從事費力的工作，透徹鑽研一個單一的想法，直到釐清邏輯上最細微的錯綜複雜。反之，書寫微不足道的瑣碎內容在現今特別受歡迎，不管是誰寫了大部頭的書，幾乎都只是招來訕笑。過去人們會讀巨作，如果讀了一些小品或期刊，他們也不太願意承認。如今人人都覺得有責任閱讀期刊或小品中印出的文字，但羞於把巨作從頭讀到尾，這是因為，他們擔心，如此一來可能會被人認為才疏學淺。

一八四六年

070

在目前的丹麥文學界，身負作家聲譽的人能賺到的金錢很少，丟在文學寫手帽子裡的小費卻很高。如今愈是可鄙的作家，能賺到的錢就愈多。

一八四六年

071

就文學和評論來說，《貝林時報》[9]能與之一較高下的對象，最了不起也就只是拿來包三明治的包裝紙（至於這份報紙的主要任務：政治議題，那又是另一回事了）；人們邊吃邊讀，我看過有人找不到紙巾就用報紙擦手。但周遭的一切確實都很重要，這一點沒錯，因此，如果有人有心想寫點讓讀者願意花心思去讀的東西（若有可能的話），就算內容不至於太過艱澀到人人都無法看懂，登載在這份報紙上也不會是達成目標的好方法。正因如此，我從不希望看到我寫的隻字片語登上《貝林時報》。與其讓《貝林時報》刊登我的作品，我倒寧願只有一位讀者。

9 編按：《貝林時報》（*Berlingske Tidende*），一七四九年創刊於丹麥哥本哈根。

○72

男低音有時會把音調壓得很低，讓人難聞其聲，只有站得離他很近的人，才可能注意到他的唇齒和喉間有些震動，證明有些功能**正在**運作：葛維隆有時候也會如此深入瞪視歷史，結果什麼都拿不出來給我們看：但是那很深入，非常深入！

一八四六年

○73

說起這本讚美詩集[10]，所寫的內容真是非常微不足道。對我而言，吟唱讚美詩是整個服事過程中我最投入的部分。讚美詩要寫得好，我的要求是要極其簡單，還有，要使用不重要的詞彙（其中有幾本一流的傳道讚美詩集，正是讚美詩本來應有的模樣，臃腫、狂暴的葛維隆不可能寫出這樣的作品），並啟發我們感動、發自內心的音韻。我很懂金果[11]的詩歌，但他的讚美詩不適合吟唱，內容的力道太強，歌詞太虛偽。這樣的讚美詩，應該是讓人在家裡中閱讀以求得啟發。

虔誠的本質是沉默的受苦（這樣才是對的），葛維隆對**那樣**的虔誠一無所知。葛維隆過去是、現在是，而且也永遠是噪音製造者；即便在永生當中，他也會讓我不悅。這不是因為葛維隆從未經歷過大事；他有；這是因為他一向很吵。

有些事阻擋了他的道路，因此他製造了一場大規模的喧鬧騷亂，彷彿發生火車相撞意外。更深入、內在的痛，在安靜的傷感中與上帝和解，這些事是葛維隆所不了解的，卻正是讚美詩的箴言。葛維隆要不然就是愛顫音演唱的傲慢傢伙，要不然就是愛喧鬧的鐵匠。

一八四七年

〈如今我心渴望〉（My heart now yearns）這首讚美詩的情感真是深厚。在永生裡的我，永遠不會厭倦於看著多雲的秋日天空，看著低矮、柔和的灰色以最細緻的痕跡交織，同樣的，我永遠也不可能厭倦於重複吟唱這段旋律的安靜韻律。

10 編按：一八四四年，丹麥組成一個委員會編纂新的讚美詩集。
11 譯註：金果（Thomas Kingo, 1634-1703），丹麥牧師、詩人。

○74 話說我的標點符號運用

對於拚字，我絕對要向權威（莫巴克[12]）致敬：我從沒想過要進一步探究，我只知道我對此一無所知，對此，我樂於承認，我相信每一位還不錯的丹麥作家在這方面可能都比我勤勉。

標點符號又不一樣了；在這一點，我絕不向人低頭，我也非常懷疑有哪位丹麥作家在這一點能與我匹敵。我的整體架構是對修辭有非凡鑑賞力的辯證家，我的種種思緒藉由沉默的對話不斷交流，我擁有大聲朗讀的經驗，這些必要元素使我在這方面表現卓越。

這正是我為何特別把標點符號的運用區分開來。我在科學性的論文中使用標點符號的方式，不同於我在修辭寫作時的使用方式。這對多數人來說可能已經足夠了，大部分的人都只懂一種文法。無須多說，在標點符號運用上，我絕對不敢把我的作品拿出來給小學生或小孩子當成範例。同樣的，好的拉丁文老師通常不會教學生拉丁文中更細微的差別，比方說連接語態中讓人欣喜的小小神祕之處，但他自己肯定會用。很遺憾，以我的理想標準來說，我並不認識有注重標點符號的丹麥作家；他們只是遵循文法常規。從修辭上來說，我的標點符號運用特別異於常人，因為標點符號在此演進得更快。我最在乎的，是「結構——辯證」的現象（architectonic-dialectical phenomenon），意指當人大聲朗讀文句時，眼睛會同時看到句型結構，此便成了他們朗讀的韻律——而，在我的心靈之眼裡，我永遠可以想見讀者大聲念出句子時的情景。這正是我有時候很少用逗號的理由。比方說，當我想要再細分分號下的句子時，我不會用逗號斷開這些句子。舉例來說，我會寫成「人欠別人的或者是人欠自己的」。在這方面，我不斷和排字工人爭論，他們的用意良善，在每個地方都加上逗點，但是這麼做的同時就打擾了我的韻律。

我認為，多數丹麥名作家完全錯用了句點。他們只用短短的句點替段落作結，因而剝奪了段落原本應具有的邏輯，邏輯上彼此依賴的各個句子，反而在每一次出現句點時變成互相協調。

此外，我必須重申，我會自己想像我的讀者大聲讀出來，因此韻味要夠，跟著每一

12 編按：莫巴克（Christian Molbech, 1783-1857）是丹麥文學家、歷史學家，曾編輯《丹麥語辭典》（*The Danish Dictionary*），這也是齊克果這段話所指之意。

個念頭的律動到進入最後的結尾之處，也要能夠以聲音重現。我很樂意提供作品，帶著十足十的信心，交給講話習慣抑揚頓挫的演員或旁白者朗讀測試一下，作為實驗，只要念一小段我的文章就好；我也相信，對方也會認同的是，在其他時候許多他必須自己判定之處，以及許多必須由作者提供指引線索詮釋的地方，在我的文章中都可以從標點符號中找到指引。說到修辭，抽象、合乎文法的標點符號絕對不夠，尤其是用諷刺式的、警句式的、微妙的，或者概念上的惡意性破折號來增添興味時，更是如此。

一八四七年

○75

多年來，我的憂鬱發揮的作用是阻礙我對自己說出「你」這個字，讓我無法在最深刻的意義上和自己親密地和睦相處。在我的憂鬱與我的「你」之間，隔著一個奇想世界。我曾以筆名[13]詳細論述這個世界的某些部分。如同家庭不幸福的人盡可能留在外面，寧願避開家，當我在從事發掘與創造詩意經驗，走過奇想世界時，我的憂鬱也使得我避開自我。如同繼承了龐大物業的人無法細細了解當中的一切，由於我的憂鬱，我和機會之間的關係也如出一轍。

一八四七年

076

我只有寫作時才覺得安適。我會忘記所有的人生苦惱，所有磨難，我沉浸在思考當中，並感到快樂。如果我停筆幾天，馬上就會生病、不知所措且困惑不安；我會覺得頭很沉，負擔很大。這股衝動力道很強、很大、無窮無盡，日復一日存在了五、六年之後，仍然和往日一般旺盛，可能有人認為，這股衝動一定是上帝賦予的使命。我的靈魂中仍

13 編按：齊克果的多數作品都以筆名發表，甚至在同一本書中會用上多個不同的筆名；這或許源於自身的憂鬱與人格的斷裂，如他所說「以筆名所寫的書中，無一字屬於我」、「筆名……在作品的性格上有其必要的理由」，眾多的筆名能人格化他在自己性格中發現的各個面向，或者是各種可能性。

潛伏眾多的想法，一定要壓抑的話，對我來說必定是焦慮且折磨的事，我一定會一事無成。那麼，又為什麼要壓抑這些想法呢？因為我想折磨自己，藉此懺悔苦行，透過強迫自己去做一些實在的事，如果我對自己的了解是對的，我終將不適應。不，但願不要發生這種上帝不容之事！我推測，上帝也不希望外在的事沒有見證。一個人耗盡本質，只是為了能比丹麥王國裡的其他人更辛勤、賣力地工作，這真是既辛苦又讓人難過。一個人在勞動之後卻成為笑柄，得面對上流階級怯弱的妒忌與一般大眾的嘲弄，這真是既辛苦又讓人難過。另外還有一種景況同樣既辛苦又讓人難過：如果我更努力，事情會變得更糟糕！但我當然會欣然且有耐心地忍受這一切，只要我能因此獲得真正的內在安全感，我毋須強迫自己選擇受難，毋須接受在某種意義上我會渴望、但既無法勝任且非真正樂在其中的職位。成為作家，並非自我選擇；這是我的個體性中的各個面向，以及其最深刻衝動的附屬品。

但願上帝賜我幸運並給我協助，還有最重要的性靈；是的，能抵禦我心中湧起的懷疑與誘惑攻擊的性靈，畢竟，要不和這個世界對抗實在太難了。

當我訂婚時，同樣的事情發生在我身上。感謝上帝，唯一的差別是，這次我不用無禮對待另一個人，我毋須解除誓約；但我必須再度揚帆出海，不論是否願意，毫無保留地把自己交付給上帝的意志。有個固定職位當然比較穩當，某些職務實際上根本沒那麼必要——但奉上帝之名，從另一方面來說，也就是在上帝身邊，還是比較安全。然而這需要信念：人在每一個轉折、每一個時刻都要有信念。這就是差別所在。多數人的生活受到太多保護，因此他們對上帝的了解甚少。他們有終身職位，從來不曾用盡全力；他們有妻有子、生活平順——而我，不該用不以為然的態度去談這樣的幸福——但我相信，在缺乏這些條件下去做事，便是我要完成的任務。為什麼我們在新約聖經中一再讀到的那個世界，在現實裡卻不被允許？而不幸的是，人們居然完全不知道身為一名基督徒到底是什麼意思，而正因如此我才毫無同情心，正因如此我才不被了解。

一八四七年

077

我從來沒有知己。身為作家，從某方面來說，我把公眾當作知己。但考慮到我和公眾的關係，我必須培養新一代的知己。畢竟，那些嘲笑你的人，並不適合當作知己。

一八四七年

078

如果我沒有可供自立的收入就好了，那我在當代就能擁有很好的立足點。首先，這樣我就無法花時間寫大部頭的作品；我的表現極有可能會和其他人一樣。這樣的人受人喜愛。我的作品不過是些瑣碎的東西——這種東西會有人讀。

丹麥沒有文學批評。日報上的書評公式大約是這樣的：如果我寫了一本五十三頁的書，最長的書評不過就是一篇專欄，但如果我寫一本十頁的小品，書評則會占掉一期的版面，甚至兩期。這樣的大放厥詞在小鎮裡很受歡迎，受折磨的當然最多就是兩、三個作家；巨作遭到貶抑、小品成了重要創作，所有三流作家都能因此受益。

一八四七年

079

某種意義上，我全部的不幸就出自於這個難題；若不是因為我曾有私人收入，我就不可能隱藏我這個人如此憂鬱的可怕祕密。（仁慈的神啊，我的父親因為憂鬱對我所做的事可真是大錯特錯——一個老人把他所有的陰鬱重擔都加到一個可憐的孩子身上，更別提其他更可怕的事，即使如此，他仍是最好的父親。）另一方面，如果他沒有這樣對我，我也不會成為現在的這個人。我要不然就**被困住**然後瘋掉，要不然就想辦法吐露祕密。現在，我成功地轉化了翻騰和顛簸，成為我如今身處的純粹性靈的領域。這樣一來，便使得我迥異於一般人。我本質上缺乏的是健康良好的生理與體能。

一八四七年六月九日

〇八〇

當代真正需要的是教育。以這樣的觀點來看，上帝挑選同樣需要教育的人，並私下撫育此人，好讓他能回過頭來，把自己學到的交與他人。

一八四七年

〇八一

我如何以作家的身分理解自己的所有活動

以最深刻的意義而言，我是個不幸的人，從很小的時候開始，就被牢牢困在某些接近瘋狂的痛苦之中，這必定是深植於我某個層面的靈魂與身體失調；這不影響我的心智（這一點很奇特，但也是我擁有無窮勇氣的原因），我的靈魂或許正因為性靈和身體間緊張關係，反而獲得了罕見的張力。

一個極度憂鬱（我不想具體說明是哪一層面）的老人老來得子，承襲了為人父者的全部憂鬱，但又擁有一副豐富的心智，讓他能隱藏這股憂鬱；由於他心智的本質出眾健全，憂鬱無法掌控他，但他也無法主宰憂鬱，至多，他的靈魂只能讓他**承受得了**憂鬱。

一名年輕女子在最神聖的時刻謀殺了我的良知（她的過度驕傲展現出強大的力量，我模模糊糊感受到此處為裂縫所在，可以讓我逃脫，而這一切始於悲劇性的誤解，解除婚約，她讓我懷疑起她內心的力量，彷彿對自己和他人都毫不在意）；一位備受困擾的父親慎重告訴我這（解除婚約）實代表了這女子的死亡。她是不是在玩弄我，已經不在我的考量內。

從那時起，我決定要把一生都用來實踐一個理念，用我微弱的能力，但付出最大的努力。

雖然沒有朋友知悉我的祕密，雖然我拒絕對他人談起我最深沉的存在，我還是抱持著一種想法，而且永遠都不放棄，那就是人有責任不可漠視他獲得的求助機會，必須徵詢其他人的忠告；但這不能墮落成輕率隨意的吐露祕密，必須是熱切、負責的溝通。因此我請教醫生，想知道他是否認為我能克服身心之間的架構失衡，好讓我能「履行普世責任」（過著一般人的生活）。他存疑。我問他是否認為我的心智——透過意志力——能扭轉或重塑這基本的畸形；他存疑；他甚至不建議我試著控制全部的意志力（他對這一點有些想法），因為這可能會導致我全面爆發。

從那一刻起我就做了決定。這可悲的畸形與其附帶的痛苦（這無疑會導致很多人自殺，只要他們還有足夠的精神理解這份折磨有多可怕）被我視為肉中之刺，我的限制，我的十字架；我一向相信這是天上的神要我付出的高額代價，藉此換得當代難以匹敵的心智與靈魂力量。這不會讓我妄自尊大，**因為我已經被粉碎了**，我的期望也已經變成我日常的痛苦與羞辱。

不敢懇求獲得啟示或類似性質的感召，我想像自己特意為了一般人挺身而出——在這個敗壞、道德淪喪的時代——把這個時代變得可愛又可親，獻給所有能履行普世責任的同胞，也獻給那些被時代導引走岔了路的人，以及那些追逐非凡的人，也就是所謂超凡之人。我了解我的任務是要成為一個自己讓自己不快樂的人，並因此以愛人為前提，特別渴望幫助那些可以實現幸福的人。

但因為我的任務同時隱含了一份虔誠的嘗試，為所有人做好事以彌補我的缺點，我特別警覺，不讓虛榮玷污了我的努力，最重要的是，我在提供思考與真理時，不可從中求得世俗的短暫利益。因此我知道，以所有的善念良知，我是以真正的放棄（自我）來做事。

隨著我的努力有進展，我不斷思考我是否因此更能理解上帝對我的用意：我承受苦難，好讓上帝能夠控制我，之後或許能夠超凡。

若我要在日記中詳述我對生活細節的想法，會變成長篇大論，只有少數人才有足夠的知識與熱誠去了解。我也沒有時間寫下那些。

一八四七年

我可以真心地說，我在脆弱與軟弱中獲得力量。[14] 舉例來說，我不認為那名女子會拒絕我，只要我內心十分確定我敢不計一切去贏得她；我不認為我達不到最驚人的成就，只要我的內心十分確定我敢於應付這些事。後者蘊藏著我的痛苦，前者則有我感受到的近乎超自然的力量。多數人的處境剛好相反：他們害怕來自外在的抗拒，不懂內心的抗拒有多痛苦。而我，反倒不懂外界的抗拒，但只知道有股內在的抗拒，那是當上帝讓我感到隱隱作痛的刺時——這是我的痛苦。

14 編按：與出聖經《哥林多後書》第十二章第九節「我的恩典夠你用的，因為我的能力是在人的軟弱上顯得完全」。

082

安徒生（Hans Andersen, 1805-1875）可以說「幸運的鞋」的童話故事——而我，說的則是「夾腳的鞋」的故事，或者說，我可以說這樣的故事，但我選擇別說，把這個故事深埋在沉默之中，正因如此，我才得以說很多其他不同的故事。

一八四七年

083

喔，當我想到我人生中最初始之時的黑暗背景，即便只有一刻，都萬分可怕。父親加諸在我靈魂之上的焦慮恐懼，他自己的嚴重憂鬱，還有很多我根本無法寫下來的事。我感到一股對基督教教義的深重恐懼，但我深深受到吸引。之後，彼得[15]陷入宗教的病態控制，我卻並未因此受到折磨。

誠如我之前所言，想到那樣的生活，即便只有一瞬都很可怕，我因此把這藏在靈魂的最深處，當然我絕對未曾向人吐露一字，連記下最輕微的暗示都不敢——之後我又想到，過去我一向把這樣的人生深藏於看來生氣勃勃、興高采烈的外表之下。

所以說，的確如此，我常常自比為雪赫拉莎德[16]，她用說故事拯救了自己的生命，我則是靠寫作拯救我的人生，或者說是讓我自己活著。

一八四八年

084

假使我不是受到嚴格的基督教教養，沒有從很小的時候內心就飽受這些痛苦，在我明確展開事業之時，痛苦又剛好更加劇烈的話，那就好了：如果我沒有經歷這些，但又仍然能懂得我現在所懂得的一切，那我將會成為詩人，而且是有趣、卓越出眾的詩人。

15 編按：指齊克果的哥哥。
16 編按：雪赫拉莎德（Scheherazade）是《一千零一夜》裡的女主角。

在我之前，少有詩人能深入了解存在，尤其是宗教的存在。

但這就是我走偏之處，也是《非此即彼》裡早有的定位：從某方面來說，我不會如A所說的成為詩人，從另一個更深層的意義來說，則如B所同意的，確實，他宣告在A的眾多想法中，這是他唯一完全同意的。

成為詩人有何意義？這意味個人的人生、個人的現實，要和詩歌創作分屬於不同的範疇；成為詩人，代表僅能在想像中與某個理念相連結，因此，就詩作及你自身來說，個人面的存在多多少少是種諷刺。以此標準來看，所有出色的現代思想家都是詩人（我指的是日耳曼思想家，丹麥當然完全沒有這種人）。總之，這是最極致的生命展現。多數人過日子時完全避開任何理念；極少數人在詩的層面與理想緊緊相繫，但在個人的實際生活中卻拒絕理想。從這一點來說，神職人員都是詩人；但是，由於這些人身為神職人員，因此，從更深刻的層面上來說，他們比詩人更像是「騙子」，一如蘇格拉底對詩人的評價。

然而，隨著其他地方就像這裡一樣，道德嚴重淪喪，我也被趕下第一流的位置，由第二流的人坐上第一流的寶座。絲毫沒有證據指出，有哪個人在個人的生活中仍緊緊依附著理想。僅有「真理見證人」[17]才會過這種生活。這樣的慣例很久以前就不復存在了，現在的神職人員、哲學教授或詩人的立場，都是要成為真理的僕人；我可以想像這對他們而言大有益處——但對真理而言益處就少了。

一八四九年

085

每位丹麥作家都拿到一本《非此即彼》。我認為這是我的責任；而且現在我能夠辨得到了；現在用這種方法來宣傳這本書也沒有什麼問題，這本書已經有點年紀了，危機已過。他們收到的當然會是維克多·埃里米塔[18]的贈書。能贈書給奧倫施拉格[19]和溫特[20]讓

17 編按：指個人生活與理想緊緊結合的人。
18 編按：一八四三年齊克果以維克多·埃里米塔（Victor Eremita）的筆名出版《非此即彼》。
19 譯註：奧倫施拉格（Adam Oehlenschläger, 1779-1850），丹麥詩人兼劇作家。
20 譯註：溫特（Christian Winther, 1796-1876），丹麥詩人。

我萬分歡喜，因為我敬仰這兩位。我也樂於贈書給亨里克．赫茲[21]，因為他很重要，而且他過生活的行事風格也很溫暖可親。

一八四九年

關於風格的二三事　086

被這些事情蒙蔽有多幼稚——唉，蘇格拉底說的實在太對了：「對我來說，已經七十歲的我，不應該再和小男孩一樣琢磨我的風格了」——雖然我現在很少想這麼做，但同樣的，忽然間我過去的衝動會湧出，帶著一絲傷感，因為語言形式而感到欣喜。你知道的，我相信身為散文作家，我可以僅利用語言形式創作出不亞於詩人的優美且真實效果。

要舉例的話，我利用一個概念（就是這個範例讓我今天看得透徹，並大力證明其根據，刺激我出於傻氣地提筆振書）；我要說的，是個本身很簡潔的概念：一切都讓人失望——不論是希望，或是被賦予希望之事物。（旁註：叔本華〔Arthur Schopenhauer, 1788-1860〕說「希望讓人失望，被賦予希望之事物亦然」）這個概念中有形式，破折號就表現了形式。這個概念也可以利用更長的句子，以及語言學上的對偶來表現：希望、被賦予希望不要發生之事，或者是被賦予希望該出現之事——都讓人失望。（旁註：「希望讓人失望」這句話，平凡無奇；必須強調的是第二句話。因此，如果我假設有個人深刻地經歷了「被賦予希望之事帶來的失望」，這句特殊的語言形式便能吸引他或滿足他。在聽到第一句話「希望讓人失望」時，他會失去耐心並想著：我們現在必得聽這些廢話嗎？但等到下一句話完整成形時，將可以讓他完全滿意。）

因此，有時候我可以坐上好幾個小時，沉浸在對語言音調的愛當中，只要理念的簡潔能在其中相呼應；我可以在一隅坐上好幾個小時，哎，就和長笛手吹笛自娛一般。我寫下的文字多半經過一而再、再而三地大聲朗讀，有時候可能讀好多次，在寫下來之前先聽一聽。（旁註：從另一角度來看，多數我寫下的文字就像俗話說的，都是些currente

21 譯註：亨里克・赫茲（Henrik Hertz, 1798–1870），丹麥詩人。

calamo[22]，因為我總是邊散步，邊替作品做最後的雕琢。）就我而言，我從事構思的各段期間可稱之為記憶的世界，我在當中充分生活、享受與體驗，後來變成了想法，想法會不斷追尋，直到它們自己找到適當的表達形式（這是指，在某種意義上，如果表現形式不是從一開始就蘊藏在想法內部的話），那麼，等到最細微的細節都調整好了，那麼，這個想法就會像俗話說的，表達形式恰如其分（寫作風格上的細節會留到後面——每個有想法的人自然而然就會有表達形式）。

——接著要說說丹麥的大眾讀者！喔，實際狀況正是如此，以形式來說真的就是這樣，非常典型！與我同一時代的人，多半忙著管我的穿著打扮，以我這個人來說，那是他們最了解的一環。對於我這個人，當代人可能會說：他們選擇的是我比較好的部分。我不抱怨；從某方面來說，我非常、非常感激這種時代的獸性；除此之外，我相信不管在哪個時代，對我而言情況都是一樣的。

一八五四年

087

「主張販子：新聞記者」（叔本華）

叔本華的這句話是無價之寶，他自己也身體力行實踐這份價值。（旁註：從另一面來說，這讓我很不開心，因為我剛好在讀叔本華。對於我事先在無意間使用了另一位作者的話，我感到難以言喻的良心不安。但是，他表達自我的方式和我的密切相關，因此，以廣義的謹慎來說，雖然我說的這句話是他說的，但說到底也等於是我想說的。）他指出以外部事物來說，多數人都羞於穿戴其他人給的二手帽子、外套等等，但這番道理不適用於心智。實際上人人都帶著別人給的東西。大眾當然毫無主張，但——小心了——！這樣的空白，就由靠著販售主張賺取生活費的新聞記者填補了。叔本華又適時補充道，當然，人們藉此得到的主張，水準和嘉年華服飾店出租的服裝一般。

但，這種事很自然。愈來愈多人被拖出完全無須持有主張的天真狀態，被導引成持有主張是種「責任」（新聞記者說，人人都**必須**有持有主張）；要持有主張還真是件麻煩事！主張成為一般大眾的必需品——這也正是新聞記者的著力點，他們提供協助，兜

22 編按：拉丁文，沒有預想、匆匆寫下之意。

售主張。新聞記者以雙重的能力發揮作用，首先他們大力宣傳自己很有價值，因為人人都應該且必須持有主張，接著他們推銷自己的產品：由各種主張構成的組合。

新聞記者凸顯人們在兩方面的荒謬。第一，他們讓大眾相信自己一定要有主張，這可能是其中最荒謬的一部分：貧窮、天性善良的老百姓本來自由自在，但如今新聞記者灌輸他們這樣的觀念，說他們一定要有主張！其次，他們提供給眾人的主張，即便一貫地枯燥乏味，但仍被人們拿來用——當作必需品。

一八五四年

088
不朽

據說我們的一位詩人（英格曼[23]）對一種看法投入了豐富的感情：他認為每隻昆蟲都不朽。

一般人可能想說，他是對的：如果說，到今天仍有人類誕生，**從整體來說**，人類是不朽的，同理可證，昆蟲亦為不朽，並無不合理之處。

這類茶餘飯後的話題，這種甜蜜又感人的十足十牧師蠢話，永遠都能巧妙地讓其他概念雲淡風輕，直到消失在風裡，更有甚者還會惹人厭！不朽，曾經是英雄仰望的高遠目標，他們謙遜地承認這份獎勵太過豐厚讓人無福消受，和他們自身的努力無關，但事實上是費足了勁才能得到——然而，如今所有野人鄙夫都不朽了。

確實，英格曼應該去當牧師，身前身後都套上天鵝絨，並在肩上戴上金色流蘇！雖然我通常不喜歡扭曲或嘲笑別人的姓名，但是海伯格[24]用英格曼的姓名玩的雙關語還蠻巧妙的，他叫他「Ingenmand」（無名小卒〔丹麥語〕）。

喔，這種事真是差勁，更差勁的是成千上百的人把這當成細膩的感性！但願這門狡詐的（基督教）專業也接受這個概念，而那些「Gaudiebe」（無賴、騙子〔德語〕）、那些牧師也要想辦法把這樣的概念灌輸到「我們的基督教政府」裡：主張基督教義也應

---

23 編按：英格曼（Bernhard Severin Ingemann, 1789-1862），丹麥小說家、詩人。

24 編按：指海柏格（Johan Ludvig Heiberg, 1791-1860），丹麥詩人、哲學家，信奉黑格爾哲學。

套用在昆蟲上，這些可是不朽的生物，還要指派靈魂的牧者給牠們，或者，至少，應讓牠們建立起某些額外的生活。

一八五四年

二、《海盜報》[25]事件

089

對《海盜報》的懇求

Sing sang resches Tubalkain（丹麥語）——意思是：殘忍、嗜血的《海盜報》，你是不可一世的撒旦，用你那強而有力的手，將人的生命玩弄於股掌之間，而這不過是你鼻子哼出怒氣（噴出憤怒之氣）時的突發奇想，喔，請容許你自己有點良心，縮短這些折磨，殺了我，別讓我不朽！不可一世的撒旦！請用你敏捷的智慧想一想，遭你殺戮的人很快就會看到最可悲的景象會是什麼，《海盜報》的言論已經讓人看得一清二楚！喔，（死亡）對所有永生的人而言是多麼殘酷的仁慈與救贖：永生的人被烙印成非人的

---

25 編按：《海盜報》（*Corsaren*）一八四〇年由高許密特（Meïr Aron Goldschmidt, 1819-1887）創刊於哥本哈根，是丹麥當時最受歡迎的報刊，但許多名流都將之視為不入流的小報，《海盜報》時常撰文歌頌齊克果，讓他深感不安。一八四五年，該報的編輯 P. L. 謬勒（Peder Ludvig Møller, 1814-1865）匿名在另一本期刊上撰文攻訐齊克果，齊克果隨之撰文反擊，並與高許密特深談，希望能藉此讓《海盜報》更為振作，但之後高許密特卻堅稱和此事無關，任由《海盜報》持續刊登嘲弄齊克果的文章和漫畫。齊克果原本冀望其他名流能給予支持，但他們卻只是冷眼旁觀，加深了齊克果不與群眾為伍的決心，此時期的日記篇幅也大為增加。

怪物，而這都是因為《海盜報》毫無人性地替他們安上這樣的名號！無論如何，最重要的是，別對我說我永不死。連想都別想！這種人生的刑罰聞所未聞！（旁註：手刃我，我將能和其他遭你殺戮的人共活，但別用讓我不死這種方法來殺了我。）光是讀到「人生」一詞，就讓我厭世了。居然人人都不為所動，不顧我微弱的悲嘆，這真是一份殘忍的光榮：這是我的死亡，我將因此而死——居然人人都笑著說：他不會死。喔，願你動了惻隱之心而受折磨，讓你住手，別再給我高傲、殘酷的恩惠，就和殺了其他人一樣殺了我。

維克多．埃里米塔

（或許有人可以在這裡加上《非此即彼》附錄中的文字，這本書可以在靠近窗戶的高腳窄櫃裡找到。）

一八四五年

090

我現在的想法是，要訓練自己成為牧師。過去這幾個月，我祈禱上帝在這條路上幫助我，因為我早就明白，我再也不能當作家了；如果我要的話，我希望能完全成為作家，要不然就別做。正因如此，在我校稿的這段時間，並未同步開始寫新的作品，只針對《兩個時代》[26]寫了一篇短短的評論，剛好本來也就要完成了。

一八四六年二月七日

091

現在聽好了，小人《海盜報》！像個男人，一次就好！迷戀糾纏別人，是娘娘腔的行為；持續追逐一個人，因為求愛遭拒而對其施暴，是娘娘腔的行為；像個男人，保持

26 譯註：《兩個時代》（*Two Eras*, 1845）是丹麥作家居倫堡夫人（Madame Gyllembourg, 1773-1856）生前最後一本短篇小說；齊克果推崇居倫堡夫人的作品，他在其中找到充滿生氣的活力泉源。

沉默。身為弱勢性別的女性，才會先一股腦地把熱情投注在某個男子身上，若遭拒絕便讓自己陷入一股腦的惡劣情緒中，只有她們此時展現的無能為力才會獲得諒解；男人要能自持，當他看到自己無能地持續對他人施暴，就像女人追逐另一個男人，或是糾纏不休的乞丐從一條街追他追到另一條街，此時就應該保持沉默了。

一八四六年二月七日

092

什麼都不能寫；一個字都別寫；我不敢寫。寫下來的文字不足以讓讀者看到蛛絲馬跡，從某種程度上來說，還讓他們困惑。一定不能寫得直截了當，他們才會懂得**弦外之音**。我最近丟掉大量寫得不算壞的文字，這些內容只能置於完全不同的脈絡之下。

我最近想到的格式像是這樣：

簡短且犀利

就我認為，若作者並未掛名，編輯就該是實際上的負責人。行為舉止就像大學生的高許密特先生是《海盜報》的編輯，有顆聰明的腦袋，毫無想法，不做研究，缺少觀點，不能自持，但擁有不少才華及極富美學成分的蠻力。他在遭遇人生轉捩點時來找我；我間接對他表達負面的支持：我稱讚他替自己找了一個穩定的職位。我相信他能心想事成。過去我很希望他能選擇光榮的功成名就之路；我真心誠意地說，身為《海盜報》編輯的他為了賺錢，繼續選擇可鄙的道路，讓我痛徹心扉。我但願，能把在其他方面都很聰明的人拉出來，讓他不要成為庸俗粗鄙之人就好了。（旁註：沒有哪個丹麥人能忍受任由粗鄙小人控制一個發行量大的機構，在其支配之下討好文學流氓。）

而且我真的不希望被本來根本不應該存在的報章雜誌譽為不朽，得到這種虛偽的可鄙讚譽，我只希望在這份報紙上受到大肆抨擊。該報適合拿來抨擊我身為作家的存在，我也正因此希望並要求該報在我一寫完作品後馬上批評我，在富拉特·塔西圖努斯寫作之時，約翰納斯·克利馬可斯[27]幾天前已經把作品交給印刷廠了。此外，過去我一向希望我可以在這個階段對他人有所用處：他們不希望這樣，那好吧，我應持續要求他們對我施暴，因為這樣符合我的想法，至少在確實有人寫文章批評我這一點，可以讓我從中獲益。讓人難過的是，看到這麼多愚蠢及淺薄之人嘻笑怒罵，而且以這件事來說，根本不知道自己在嘲笑什麼。只有上帝才知道我不太重視和同儕的關係；我的理念要求我這麼做；我一向都這麼想，這給了我無可名狀的滿足——我無法用其他的方法行事。我要求比較好的那些人原諒我，他們不採用辯證法，也不預設自己了解我為何必須這樣處事；那麼——*en avant*（上吧！〔法語〕）——就讓我遭受抨擊吧！無論我身為作家的人生重不重要，有一點很確定：以丹麥作家來說，在我與辯證的關係影響之下，唯有我的立場恰好適合他（譯按：此處應是指高許密特）的想法：各式各樣的欺騙、扭曲、妄言與誹謗紛紛湧現，擾亂了讀者，迫使他替自己著想，切割出去，以防有任何直接的關係（牽連）。其他丹麥作家不太可能處於這種狀態：（他們不會遭遇）對著一百位讀者表達自己，但謊言與扭曲又替他找來了一千位讀者。高許密特每次對我施暴，總是把這當成一種讀者服務；未來他一定會繼續下去；他沒有我就沒戲唱了，他無能求善，這一點表現在完全不管（他對我的態度）是一股迷戀，甚至用嚴酷的暴行來掩蓋他內心的聲音，從某方面來說，這讓我替他難過，因為我認為他的本意良善。我反而不在乎他對我的攻擊。我完全可以置身事外。

如果高許密特先生在其他正派的報紙上發表署名的回應，我會讀；我不會再讀《海盜報》。我甚至不讓我的僕人讀，因為我認為稱職的主人不該指引僕人涉足不正當的場所。

齊克果

一八四六年

093

被鵝群踐踏而死是一種緩慢的死法，被羨忌拉扯折磨至死的過程也是一種長時間的凌遲。大眾嘲弄我之時（如果不是一大群人日復一日嘲弄我，並在大庭廣眾之下辱罵傷

27 編按：一八四一年與四二年之間，齊克果使用約翰納斯．克利馬可斯（Johannes Climacus）為筆名，詳情可參閱本書第176篇。

害我，報紙上發生什麼事根本不重要；學童、粗率無禮的大學生、店鋪助手，還有所有因為粗鄙文學而聚集在一起的烏合之眾，都獲得心生忌妒的上流社會讚許），還認為這對我有益。一個人身處這種情況，要不就努力求生，要不就根本別想活了！不，但至少我很高興知道自己有所**行動**。然而，這樣磨人的粗暴對待甚是讓人痛苦。其他事都終有結束的一天，但這永不停止。坐在教堂裡，旁邊坐著幾個厚顏放肆的粗人，不斷地盯著你的長褲，並用言語嘲弄你，他們大聲交換蜚短流長，每一個字都聽得清清楚楚。同樣的，我已經很習慣這種事了。這些粗人在《海盜報》找到一個大本營，讓彼等厚顏無恥之徒相信他們完全是對的，不，他們自認代表了公眾意見的標準典範。當然是這樣了；從某些角度來說，我對丹麥的看法還是錯了；我仍然不相信粗鄙是丹麥真正的公眾意見，我樂於證明這一點，實際上還蠻容易證明的。

一八四七年

094

盛行於哥本哈根的下流粗鄙暴虐真是太令人作嘔了，真是一潭讓人厭惡的渾水；一般人不覺得這麼嚴重，因為每一個人在其中都只出了很小一部分力。但是，當少數更有能力的人卑鄙地向外尋求自我利益時，總是放棄正道，躲在母親的裙下，以及家庭的庇蔭裡，悄悄溜進某些更高層圈子的隱蔽之處，這種事永遠不會被人發現。正因如此，我將堅定不移，當某些「超級聰明人」覺得我瘋了的時候，仍完全清楚自己在做什麼。人民不壞，只是被帶壞了；重點是要他們注意。當這座城市裡的暴民拉下我頭上的帽子蓋住我的耳朵時（那天可能不遠了），從那天起我將得勝。之後人人都會看到我這麼做會引起多大的怨恨，也會看到我的罪行何在：唯有我具備足夠的勇氣，讓自己有資格踏上一條善業之路。丹麥人多半是卑怯的懦夫，戰時可能沒那麼嚴重，不像平時這般膽怯（畏於邁向某一條志業之路）。丹麥人已經不再算是一個國家的國民，而只是一群人，就和猶太人一樣，哥本哈根也不再是首都，只是個普通小鎮。

一八四七年

○95

我常看到一種忌妒，人在這種情緒中時，會試圖藉由施暴得到某些東西。比方說，當我走進某個人群聚集之處時，就會有人馬上武裝起來對付我，開始取笑我；我假設他自覺代表大眾意見。唉，如果當時我隨意對他說兩句好話，這人卻會變得無比客氣，親切非常。基本上這證明他認為我很了不起，甚至把我想得比實際上更不得了：如果他無法光明正大分享我的偉大，至少可以嘲笑我，然而，一旦他自覺與有榮焉，就像我假設的情況那樣，他就會開始吹噓我有多偉大。

活在一個氣量狹小的社會裡就是這麼一回事。

有天我在大門外遇見三個年輕紳士，他們一看到我，就開始咧嘴嘲笑，完全展現出我們這個小城市認定為時髦的傲慢無禮。怎麼一回事？當我距離近到足以看清楚他們時，我注意到他們都在抽菸，因此我向其中一人借了火，然後抱持著極高的興趣看他們的反應。

這三人馬上脫帽向我致敬，彷彿我向他們借火是為他們服務。也就是說：如果我願意對他們說些好話，這一群人同樣十分樂意為我大聲叫好，更別提若我曲意逢迎會如何了；若是這樣，他們會大喊「pereat!」（毀滅他！〔拉丁語〕），然後反叛。

高許密特和Ｐ．Ｌ．謬勒大張旗鼓所做之事，人人都做，只是規模比較小。如果有誰忘了向高許密特致意或不想招呼他，他就會在他的報紙上撻伐此人。他會試圖用施暴爭取平等地位。這一點對於大街上的《海盜報》讀者也適用。如果你拒絕奉承他們，他們就會利用自家報社來嘲笑你；如果你奉承他們，他們就會給你忠實的評判。

我一向表現得客氣禮貌，尤其是對於未享有太多特權的階級。現在都變成在演戲。但是，知道人類的心理可以透過這種方式變得豐富，真是十分有趣。

一八四七年

096

這些暴民在我身上施加攻擊，我因此讚美上帝。現在我有時間真正探究我內心的存在，並確定了一件事：說到底，我想在遙遠的修道院裡過活，以便在與世獨立和與世相忘當中悔悟，這想法真是憂鬱。現在我打定主意，比以前更堅定。要是嘲弄不曾如洪水猛獸向我襲來，我應該會依循這個憂鬱的想法過活，因為某些好運事實上有利於滋養這個想法；比方說，如果我沒有自己的收入，即便我天生有憂鬱傾向，也絕對不會如此深陷其中，不會像現在這樣。

一八四七年一月二十四日

097

或許這些全都值得記下來。

高許密特從來沒有理念（大致上也沒有人格，還極其卑劣），但他可能確有才華。在他執筆編輯時，《海盜報》從不乏文采，這點不應為人遺忘。

現在，我剛好看到，他正在《北與南》[28]上發言，他捍衛自己的所作所為，並認為與他同黨同派的卑鄙人物會和鋼鐵一般堅定地支持他。

總而言之，這件事是這樣的：《海盜報》有沒有理念？如果說有的話，其仰賴的基礎與檢視的標準，是這份報紙是否做足了辯證以堅守立場，以及是否有足夠的個人勇氣敢於表達堅定的負面意見。

高許密特對這些事沒有一丁點的主張。《海盜報》是一份自由主義的刊物，把克里斯汀八世[29]、官場變成代罪羔羊。《海盜報》靠著為反對而反對壯大。高許密特從來沒有過主張。

前一陣子我稍微暗示了高許密特，讓他去想一想，這家或其他類似的企業是否想過，除了傑出人士的不朽之外，有沒有其他問題應該獲得同等的關注和待遇，此外，在這個時代，不要這麼愚蠢地只引導群眾反對政府。我用**順帶一提**的態度暗示，並與他保持著我向來對他的距離。

關於高許密特，我在採取這一步時的想法如下：

28 編按：一八四六年，高許密特將《海盜報》賣掉，一八四七年創立政治性雜誌《北與南》（*Nord og Syd*）。

29 編按：指丹麥國王克里斯汀八世（Christian Ⅷ, r.1839-1848）。

從與永恆之間的關係來說，他必須從永恆的觀點出發進行自我判斷，看出自己全無人格，甚至鄙視自己。

或者，他回答：不，我曾經推崇某位作家的作品，而且我也確實這麼說過，由於這一點並未改變，因此我絕對沒有改變看法並嘲弄他；我指的是《祖國》（*Fadrelandet*）刊物上的那篇小文章[30]。

又或者，他可能會說：不，我並未攻擊大師齊克果。

我有意針對最後一種情況稍作評斷。為了只把公眾的注意力引到懸崖邊緣就好，以免一發不可收拾，他們避開了我之前展現過的做人處事之道、以及如果要針對的是有血有肉之人時會有多危險（他們攻擊筆名，完全不痛不癢，純粹是美學上的攻擊）。

自此之後，我的想法就是不去理會高許密特這個人，把他當成一份正當定期刊物在正常情況下聘用的具有美學素養的專欄作家。他確實很聰明，他是我唯一注意到的年輕人。他在美學領域或許對我有幫助。

這樣做對他最有益。他需要這樣的影響力。現在很明顯的是，他很能替自己找到一條出路，贏得許多訂戶，等等等等，但他的人生永遠都缺少了中心思想。

我嚴謹地進行測試，想看他會臣服於什麼。在針對P．L．謬勒的那篇文章見報的同一天（或是第二天），他在街上向我攀談，他的企圖十分明顯，希望我能私底下告訴他我要他怎麼做。我沒說；甚至冷漠以待。

隔天，當暴力鋪天蓋地向我襲來之時，我又在街上遇見他。他從我身邊走過；我喊他：「高許密特。」他走上前來。我請他陪我一起走。我說，我之前勸告他放棄在《海盜報》的工作，那時他可能誤解了我拿給他看的東西了，他或許有種錯覺，認為我頻頻出現在他面前，是為了避免成為攻擊的對象。現在我希望他能了解，正好相反！因此，我希望再說一次：每一句我曾經對他說過的肺腑之言。我也確實這麼說了。我非常懇切地對他說他必須離開《海盜報》。當時的情況既可笑又可悲，他眼眶含淚（他是很容易哭泣的人）並說：「我一想到這事就傷心，你居然這樣評判我的所有作為，完全不提我擁有的才華。」

說完我該說的，我脫帽致意，並以友善但疏離客氣的禮貌和他道別，我總是這樣待

30 編按：指齊克果反擊P. L. 謬勒的那幾篇文章，可參見本部編按25。

他。

自此之後我再也沒和他說過話。事實上，這並非因為**我的**感受：我不僅已經原諒他對我所做的一切，而且我針對此事連最起碼的怒氣也沒有；我沒有那麼反覆無常。不；我覺得問題應歸咎於環境。我仍然被視為「愛諷刺的人」；在本次事件之後，如果我仍持續出現在他面前，這代表了對他的大力支持，這代表我認同他的解讀，他的所作所為都只是在諷刺。隨和如我，要我扮演「憤怒的人」會很費力。

一八四九年

第四部　哲學與科學

一、當代哲學

098

總而言之，我們必須說，近代哲學即便處於最光輝的狀態，實質上仍只是入門簡介，提供理性思考的可能性。黑格爾（G. W. F. Hegel, 1770-1831）無疑終止了隨康德（Immanuel Kant, 1724-1804）而發揚，以認知為目標的唯一發展路徑；透過黑格爾，我們得出一種形式更深刻的結論，但這不過是過往哲學家直接當作起點的結論：亦即，現實完全就在思考中。然而，從這個直接的起點展開（或者說，滿意這個結果）完整的思考，進入實為人類學的研究，**那**卻是哲學家未曾做過的工作。

一八四〇年七月五日

099

今日的日耳曼地區有很多家庭教師、私人講師，以及調查編纂人員認為自己有責任讓一般人認識哲學，並把自己的地位抬高到照我看來，極為令人厭惡的地步，他們在冷酷無情的報章雜誌上談著哲學的現狀，就像昏昏欲睡、好逸惡勞的撞球檯記分員千篇一律地喊著：「dixe a ons!」。奇怪的是，即使這群哲學家裡無一人是球員，都是記分員，哲學仍不斷進步。我徒勞地等著有人踏出來，帶著與生俱來的能力大聲說：「point!」依舊徒勞；我們的「quarant」已經過了一大半了，這場賽局很快就會結束，所有迷思也得以解決。倘若日耳曼的哲學家能解釋「無人參賽但這場賽局還能繼續下去」的迷思，那就好了！以他們在日耳曼遭遇的問題來看，我把希望寄託在丹麥哲學界，這會讓人訝異嗎？我的理髮師年紀很大了，但他這個人知識淵博，他以無比的興致追蹤丹麥哲學界新興的風潮，認為除了一開始之外，丹麥如今擁有的哲學家前所未見。有一天，他用了整整十分鐘替我上一堂丹麥新哲學調查，他通常替我打理鬍子的時間也不過就是這麼長。他認為新哲學始於李爾格斯（Riegels）、赫洛波夫（Horrebov）和波伊（Boie）。他和李爾格斯很熟；李爾格斯是他的朋友也是親密好伙伴，此人短小精幹，一向都開開心心、歡歡喜喜。我的理髮師清楚記得李爾格斯出現時營造出的熱烈氣氛。他主張過哪幾項重要的事實，我的理髮師已經記不清了，那是很多年前的事了；然而，對於李爾格斯營造出來的轟動，他可是記憶猶新，恍如昨日。赫洛波夫和波伊經常光顧他的理髮店，因此他大有機會深入探究他們的哲學。這三人絕對可視為是丹麥近代哲學的倡導者。另外還有里斯布萊特（Riisbright），雖然他比較安靜，不像哥本哈根大學的講師那麼活躍、引人注目，但也值得一提。至少，他還算是沾得上近期丹麥哲學界重要運動的邊。即便如此，我的理髮師忍不住湧起深深的惆悵，感嘆丹麥一度擁有這些天賦異稟的哲學人才，卻這麼快就失去了。有一個人早就被遺忘了；很多人甚至不知道有這個人，他就是尼爾斯．拉斯梅森（Niels Rasmussen），他和前述三位偉大的哲學家同一個時代。拉斯梅森提出明智的想法，認為所有歐洲的哲學家都應該以丹麥哲學為核心集結起來，回過頭來說，也就是以他的哲學為核心。抱著這樣的想法，他努力推動一項連署計畫，但此事需要他付出太多精力，導致他死於工作過度。我的理髮師說，如果這項連署計畫過關的話，如果計畫中宣導的任務完成的話，如果有人讀的話，如果被翻譯成他國語言的話，如果歐洲哲學家都了解的話，那麼，大有可為的拉斯梅森無疑將把丹麥的地位拉抬到如今無法達成的高度。但是，他就這麼死了，他可是丹麥的哲學希望啊！我和理髮師為逝者掬了一把同情淚，然後他繼續替我刮鬍子，並告訴我近代丹麥哲學的相關調查。李爾格斯在歡笑的時光裡對他吐露了什麼，有哪些他本人、赫洛波夫和波伊在理髮店裡閒聊的話流傳到全國各地，甚至遠播海外。他頓了一下，抹掉一些肥皂泡，要我看看牆上掛的地圖，上頭標示近來的丹麥哲學如何大力開疆拓土，深入西蘭島，向北滲透到挪威，直到特隆赫姆[1]。人人本來都有理由期待這股風潮會在未來幾年創造出非凡的成果，不幸的是連年的戰爭粉碎了一切。但是，現在他已經重新獲得勇氣，期盼新的局面。丹麥哲學目前的這個時期，明顯和之前的發展有承先啟後的關係；過去觸動了現代，讓現代得以攀上更高的巔峰。過去的發展努力尋找紮實的人類理性，也確實找著了；現在傾向於放棄這種相對的表面性，以追求更高階的事物。可能已經有人發現其他更高等、更重要的事物，但要讓人更加注意這些事物，必須先喚起最內在的存在、或甚至超越最內在的存在。一旦目前的哲學找到這是什麼，或者，套句我的理髮師更精準的說法，能設法超越最內在的存在，丹麥哲學在歐洲將能得到拉斯梅森有意爭取的名聲。

1 譯註：特隆赫姆（Trondhjem），挪威的城市。

我的理髮師認為，人們大可期待會出現這樣的成果，他對於這些非凡的力量極具信心。

一八四二年

100

黑格爾體系中固有的正面性遭致大量的反駁，即便如此，他仍總結出了一個結論，但這不過是以往哲學的起點（例如萊布尼茲〔Gottfried Leibniz, 1646-1716〕）。

一八四二年

101

在強烈抨擊《非此即彼》時，海柏格使用了一些人們難以判斷究竟是否有深度的話。這是海柏格教授與同仁享有的優勢：其他人在聽到他們要說的話之前，就會先預設這些話很有深度。部分原因是其他人很少或從未，從他們口中聽說過什麼原創的想法。眾所周知，這些人會挪用黑格爾。眾所周知，黑格爾極有深度——也因此，海柏格教授說的話很有深度。從這個角度來看，每一位侷限於引用聖經來佈道的神學院學生，也都成了最有深度的人；綜觀群書，聖經絕對最有深度。

一八四三年

102

海柏格教授或許覺得基督教教義是音樂劇的主題。

一八四三年

103

海柏格教授也習慣於「在文學中進行末日審判」；你忘了薛西斯一世[2]怎麼了嗎？他竟然一路帶著繕寫人員，記下他對希臘的勝利。

一八四三年

104

多年來海柏格教授一直坐在文學的窗邊，對著過往的人揮手，特別是如果有什麼出色的人物經過，或者是他聽到鄰街歡聲雷動之時。

一八四三年

105

海柏格教授是個獨特的人物

喂忒——喂——喂——碰——碰

齊克果筆

一八四三年

106

如果黑格爾寫出他的整套邏輯，並在序言中說明，這只不過是一個用於論證的思想實驗，如此一來他既迴避了很多面向，更可成為有史以來最偉大的思想家。但在現實中，他不過是個笑柄。

一八四四年

2 編按：薛西斯一世（Xerxes, r. 486–465 BC），波斯國王，曾發動波希戰爭，先勝後敗。

107

還有誰記得那個美好的感恩節早晨？那天海柏格教授起床之後，用他自己的方式來掌握黑格爾的哲學，並以極富教化意義的方式詮釋；這難道不是藉由「跳躍」[3]嗎？還是，這只是某人的憑空想像？

一八四四年

108

體系

個性（personality）是貴族性的——體系（system）則是平民老百姓的發明；體系是一種載具，人人都能搭上一程（就像公車）。

正因如此，向來習於顛倒事實的盜賊黑話是這麼說的：他只有個性，沒有體系——這就是說，下層的人進入了上層。

一八四五年

109

多數體系論者和其體系之間的關係，好比一個人蓋成了一座大宮殿，自己卻住在附近的穀倉裡；他們不在自己的廣大系統性架構中。但是，以心智和性靈而言，這是絕對的反證，現在如此，未來也將會如此。從性靈上來說，一個人的想法必須是他這個人身心之處——不然的話，其餘一切都是錯的。

一八四六年

3 編按：海柏格以黑格爾的邏輯為基礎，主張在心智和性靈生活中，不會產生「跳躍」，一切都是透過「沉思默想」進行的延續性演變。齊克果不認同此觀點，他認為乘載著熱情的「跳躍」，才能解釋人類存在動向的動力。

一一〇

我論文中的某處

黑格爾與所有現代思想皆大大影響了我，而這些思想還未成熟到可以理解偉大的人物；我在論文中有一處，難以自制地提到了蘇格拉底的不完美之處，直指若以數字來表示的話，他不在乎整體，只看到個體。

喔，我真是一個黑格爾思想的傻子；這正好提出了絕佳的證據，證明主張道德論的蘇格拉底是位偉大的老師。

一八五〇年

一一一

黑格爾

過去對基督教教義最憤怒的攻擊，大致上還接受「**何謂**基督教」的定義，這是較為坦率的作法。

至於黑格爾，最危險的是他竄改了基督教——好讓基督教和他的哲學相一致。

這是理性時代的整體特色：不保留問題的原貌並提出反駁，而是改變問題，然後說：「對，無論如何，我們已達成合意。」

理性的虛偽極其狡猾，正因如此，人們難以識破。

一八五一年

112

長久、長久以來，人類擔心著上帝是不是人的這個問題。人們想著，只有了解那一點之後，或許就能夠暫時把三位一體擱在一旁。

後來發生什麼事？黑格爾與信奉黑格爾思想的人群出現了。他們更了解這個問題：他們證明，恰恰因為祂的三位一體性，上帝正是一個人。呃，感謝你！這還真是撥亂反正。

所有和三位一體相關之事都是騙局——這不過是老掉牙的邏輯三部曲（正——反——合），由此得出的「人性」大致上是一個未知數「X」，來自於人們認為唯有順利理解上帝的人性，才能暫時擱置三位一體。

綜以觀之，說起黑格爾的概念和基督教的概念之間的關係，最嚴重的混淆是黑格爾思想沒有時間也沒有腦袋先面對基督教的問題，再來談理解。黑格爾的結論（他宣告結論時敲鑼打鼓，就如同他在解釋一切時的大張旗鼓）大致上代表了其形塑出來的問題：我們正在設法理解或理解的問題，是一個我們無法理解的問題。

黑格爾在基督教開始的地方結束；黑格爾相信他在**那個點上**已經達到終點，無法再繼續前進，這是誤解。

就我而言，每當我思及黑格爾對基督教的理解就忍俊不禁，因為那實在太難以理解了。我一直以來的說法不只現在成立，未來也會一直成立：黑格爾是哲學教授，但不是思想家；此外，缺少真實生活體驗的他必然是個無足輕重的人，但我也不會否認他是最傑出的教授。

我思索著，「教授」這個概念等同於喜劇人物的那一天是否會到來。想想基督教就知道了！從堅定不移的聖徒（confessor），到在所有事中皆能靈活變通的教授（professor），時代已經大不相同。

年分不明

113

現在我看懂了，基本上，我和海柏格教授都同意他在原則上是對的，最重要的是，他在紐約的粉墨登場滿足了時代的需求。我們唯一意見不同之處，只在於時代的需求**是**什麼。海柏格教授認為是天文學，我對此存疑。我認為我們這個時代需要的是一本最精美、簡潔且雅致的書，裝訂得金光閃閃，每一頁盡可能不要印字，或者，用更簡潔有力的話來說，我的想法如下：我們這個時代需要的，是被牽著鼻子走。從這個角度來說，海柏格教授用他金光閃閃的新年禮物滿足了時代的需求。

這確實仍是時代的需求，大量的範例均可證明；另一方面，唯有海柏格教授發現我們這個時代的需求是天文學。

年分不明

二、和自然科學算總帳

114

自然科學絕對是所有科學中最無趣的，但我認為，隨著時間過去，自然科學很有意思地反映了一件事：過去一度被稱為「未來奇蹟」的事物居然變得平凡陳腐，這是因為有太多的發現本質上具備「壞的無限」（bad infinity）。請記住聽診器[4]問世之後造就了什麼樣的混亂。我們很快就會看到每個理髮師都會用聽診器，在幫客人打理儀容時問：「先生，要聽個診嗎？」之後，必定會有人發明用來聽大腦跳動的儀器。這將會造成嚴重的擾動，長達五十年，直到每一位理髮師都會使用為止。到了那時候，在各個理髮店，只要有客人要理髮、刮鬍子與聽診（到那時這應該是非常普遍的服務）時，理髮師還會補上一句：「或許您也會希望我聽一聽您的大腦跳動情形？」

一八四六年

5 編按：法國醫生雷奈克（René Laennec, 1781-1826）於一八一六年發明聽診器。

115

當愛人的人深情注視被愛的人，是簡單、美好且令人感動的時刻，但最優雅的莫過於透過看戲的望遠鏡凝視佳人。當自然科學家使用顯微鏡時，就像貴公子在用望遠鏡一樣；只不過，顯微鏡聚焦在上帝身上。

一八四六年

116

若可藉由自然科學的研究方法，來找出某些有助於定義心智和性靈概念的事物，我會第一個去買顯微鏡，而且我希望我和大家一樣能堅持下去。然而，由於透過質化辯證，亦即從質化的層面來了解，我非常清楚這個世界在未來十萬年都不會再進一步，所以我就做了恰恰相反之事：我保留我的靈魂，不把人生中的一分一秒浪費在好奇上。之後，有天當我躺在床上臨終之時，我可以說出這段話並得到安慰：我對這些事物確實連一丁點都不了解，我懂得的知識不比我的男僕安德斯（Anders）或女僕更多；只不過，我更常讚美上帝，懷抱著讚嘆與虔誠。我很清楚是上帝賦予人類敏銳的智慧，讓人得以發明這些設備，但上帝也透過質化辯證賦予人類心智，讓人得以看出在量化、近似、「大概」當中固有的自我衝突，人類應該虔誠且謙卑地放棄好奇，不去管必須用顯微鏡才能觀察到的性靈面僵固，反之，僅透過道德敬拜上帝，並維繫與祂的關係。

一八四六年

117

和自然科學糾纏全無益處。人類在這個領域無法捍衛自我，也絲毫無法發揮控制力。研究人員一開始就把腦力浪擲在細節上：現在人們要前進澳洲，現在要上月球，現在要進入地下洞穴，現在要跟著腸道裡的蠕蟲去只有魔鬼才知道的屁股裡的鬼地方。現在我們要望遠鏡，現在要顯微鏡；這些只有名為撒旦的魔鬼才受得了！

但是，先把玩笑擱在一旁，且讓我嚴肅論述。困惑之處在於：從辨證上來說永遠無法講清楚什麼是什麼，哲學**如何**運用自然科學。整體而言不過是精妙的象形文字（因此人們或許根本對此一無所知），還是，這是範例、類比，又或者，這點很重要，必須對此拿出一套新的理論？

對思想家來說，活在緊張之中的同時又有細節不斷積累，似乎每時每刻、隨時隨地都會有想法、結論蹦出來，沒有什麼比這更讓人焦慮的了。如果自然科學家感受不到這股焦慮，那他就無法成為思想家。對知識分子而言，這是可怕的坦塔羅斯折磨[5]！只要無法在性靈上追求到確定性，思想家就會覺得恍如身處地獄：「hic Rhodus, hic salta!」[6]（「就當這是羅德斯島，就在這裡跳吧！」〔拉丁文〕）在信仰的領域，重要的是，就算全世界都爆炸了，所有元素都消融了，你仍**必須相信**！我們不要等待靠郵件送來的官方說法，也不要等郵船送過來的訊息。性靈的確定性，最為謙卑，最能強力打擊炫耀自負的心靈（因為這和透過顯微鏡得出的確定性極不相同），是唯一真正的確定性。

這個針對自然科學的原則性、整體性反駁論點，可以簡單且明確地以下列方式正式呈現：若人類選擇自然科學（及其實證內容材料）作為努力的領域，無法想像人類還能指望對自我靈魂與永恆之間的關係得出結論。觀察力敏銳的自然科學家，要不然就是一個有天分且富直覺的人（有天分且富直覺這項特殊的人格特質，不是用來辯證深入剖析，而是能夠拿來善加利用，成為手靈心巧的人——但不用理解這項特質本身）（旁註：而且要做到即便沒有感受到危險也能過著感恩的生活；因為「觀察」與「發現」蘊藏了虛假的多樣性，馬上掩蓋住「觀察」與「發現」根本無法釐清真相），**要不然**就是在極年輕、幾乎不了解自己時，就已經成為自然科學家，然後習慣過著那樣的生活——這是最可怕的生活方式：這種人用他的發現及巧妙來讓全世界著迷、驚嘆，但卻不去理解自我！這類自然科學家的感知能力自不待多言；他們在自己的才華範圍內具備感知能力，或許還擁有絕佳的敏銳度，有綜合的天賦，幾乎能和魔術師變戲法一樣把想法整合在一起，諸如此類。但是，最大的極限卻也在這裡：這樣出色的人才、這樣絕對天賦異稟的人可以解釋自然，但無法了解自我！自我的性靈面究竟終於何處，才華的道德指引又是什麼，他無法坦率面對自己。而這樣的狀態不過是懷疑論而已，這很容易看

5 譯註：坦塔羅斯折磨（Tantalus torment），坦塔洛斯在希臘神話中是天神之子，洩露了天機被罰站在河中受苦，進退不得，意喻人無窮無盡的欲望，永遠無法得到真正滿足，永遠的困在盲目追逐裡。

6 譯註：此話源出於《伊索寓言》，有人吹牛皮，自誇曾在羅德斯島跳得極遠，聽者便以此話應答。

出來（懷疑主義是這樣的：有個未知數，有一個「X」可以解釋一切。但是，當一切都透過無法解釋的「X」來解釋時，根本什麼都沒解釋，什麼都沒有。如果這不叫懷疑論，那就叫迷信吧。）

一八四六年

118

藉由自然科學，出現了一條最悲劇性的分界線，區分出單純相信的單純之人，以及透過顯微鏡看世間的學者與偽學者。人們不敢再像過去那樣，開誠布公對所有、所有、所有人講述簡單的至高無上，不管對方是黑是綠，腦袋是聰明或愚笨；不，現在人們必須要先看看對方是否有腦袋去信仰上帝。如果基督知道什麼是顯微鏡，祂必會先把十二門徒都檢驗一遍之後，才接受他們。

一八四六年

119

且讓我們來談自由：這裡要談的是自由意志和必然性的問題。我們先讓生理學家發言，讓他們說明當血液以某種方式循環時，身體的這裡與那裡會受到哪些影響，還有，同樣的道理也可以套用在神經承受的壓力，諸如此類的——但，說到底，他並無法解釋自由其實是一種假象。寫完滿滿四大張的數字和好奇疑問之後，他必會說：我們的好奇就在終極問題上打住。那麼，這些知識有何目的？這最深刻的欺騙人類之事？這難道不是等同於逐步欺騙人們放下熱情，讓他們空懸著錯誤的期待，盼望藉由功能更強大的顯微鏡，人類有一天能成功找到過去向來是假象的自由，發現萬事萬物都是自然科學的函數？

這些知識自有迷人之處；但另一方面，也改變了知識擁有者的靈魂狀態。生理學家以客觀性、不帶個人興趣的態度去計算別人的脈搏或是研究別人的神經，無關乎道德上的熱情。當生理學家終於提出滿滿四大頁的好奇疑問，再加上最出色的觀察之後，如果他真的誠實且追求性靈，他會對自己坦承，他無法解釋「終極」：「終極」是道德之始也是道德之終。讀者讀完這四大頁資訊並對生理學家大表欽佩之後，心智狀態將會經歷逐步的變化。因此，別說讓道德掩蓋自然科學的光芒是反啟蒙運動之類的話——並不是——道德敵對的是另一套知識體系，這套知識耗盡了人的一生，最後結束時卻讓他無法解釋最重要的事物。

且讓我們假設有一個有史以來最惡貫滿盈的罪犯，並想像到了那時候，生理學可以找到更了不起的觀察工具，比現在更能近距離檢視，如此便能解釋為何此人是罪犯：所有的罪都是自然造成的必然，此人的大腦容量太小，諸如此類——基督教對他的審判會是：除非他修正自己的惡行，否則就會下地獄，相比之下，如果根據自然科學釋放他，讓他免受更多偵訊的話，那也未免太可怕了。

一八四六年

三、個體——群體

120

人可以搶在萵苣心長成之前好好品嘗其滋味；說真的，萵苣心和可愛捲葉的爽脆，完全不同於葉片的滋味。性靈的世界也一樣。太過忙碌會有以下的結果：一個人的心很難好好長成；另一方面，確確實實讓心靈長成的思想家、詩人或宗教界人士，永遠不受歡迎，倒不是因為這些人難相處，而是因為要讓心長成需要安靜，還要長期和自己合作、深入了解自我，並進行某種程度的隔離。就算有什麼話是我可以說來擲地鏗鏘，而且還能取悅眾人的，但只要其帶有宗教性質，我就會閉口不言，因為若需要大聲疾呼，以宗教來說就已經是一種不當之舉了；反之，宗教事物必須關乎溫柔地和自我喃喃獨白。唉，世情真是亂七八糟，宗教不再關乎個人獨自走入自我內心密室、安靜地和自己交談，現在人們反而相信，宗教信仰是一件需要大談特談之事。

一八四六年

121

我遭人指控引導年輕人默默認同主觀性。或許有一陣子是如此。但，除了強調獨立的個體是一個類別之外，哪有可能消除所有以群眾為名行動的客觀性幽靈。客觀性是託辭，其目標向來是完全犧牲個體。這是問題的關鍵所在。

一八四七年

122

從全世界的演變趨勢看來，顯示了群體之外的「個體」類別十分重要，這也正是基督教的原則。這一點雖然在觀念上備受肯定，但在實行上卻沒有太多進展。這解釋了為何談論獨立個體會讓人們有傲慢與過度自負之感，但個體才是真正的人：人人都是一個個體。有時候誤解以虔誠的姿態表現出來。因此，當洛蘭島[7]的謬勒主教[8]提到，如果只有少數個人能了解真理（〔以這個案例來說〕特別是基督教的真理）、而不能人盡皆知，那真是讓人難過；他當然說對了一些事，但同時也說錯了其他事，因為人人都能了解基督教，但——請好好注意這一點——唯一的前提是人人都成為個人，成為一個獨立的個人。然而，無論是道德上或是宗教上，人們都還缺乏這樣的勇氣。背負成為一個獨立個人的期待，常常讓多數人戒慎恐懼。因此，這個問題不斷在自身繞圈打轉。人一下子要自負地大力宣揚「個體」觀點，等到要實踐「個體」的觀念時，人又覺得這對他來說太沉重、太難以負荷了。

一八四七年

123

人人都有無限的現實，人身上的驕傲和自負，並無法榮耀其他人類同胞。喔，如果

7 譯註：洛蘭島（Lolland）位在波羅的海，為丹麥第四大島。
8 編按：指雷斯穆斯・謬勒（Rasmus Møller, 1763-1842），是保羅・謬勒的父親。

我能把這番道理說給所有人聽，相信一定能讓人們感動。說一千人比一個人更有價值，是謬誤推論（錯誤的推理）；這種說法是把人當成動物。對於人類，中心要旨是「一」這個單位乃是至高無上，「一〇〇〇」則沒那麼重要。

唉，唉，唉——要等到人們受過這層辯證的訓練之後，我的感嘆才能稍止。

一八四八年

124

個體——群體——對上帝而言

蘇格拉底偉大之處，在於即便他遭受指控，且必須面對人民大會，在他眼中也看不見群體，唯有個體。

性靈的優越之處在於只看個體。但，唉，我們這些凡人都跟著感官行事，因此，一旦聚集在一起，印象就改變了——我們眼中只有抽象的事物和群體，我們也變得不一樣了。

但在上帝眼中，千百萬人過去與現在擁有的無限靈魂並不會形成群體，祂只看到每一個個體。

一八五〇年

125

多數——少數

真相永遠取決於少數，少數永遠比多數更強大，因為一般而言，少數這一邊的人都是確實有看法的人，多數力量則是幻象，由毫並無意見的烏合之眾組成——因此（在少數明顯比較強大時）這些多數人下一秒鐘就會奪取**少數**的意見，把一大隊人和數字都拉到這一邊，使得這些意見變得毫無意義，還成為多數人的意見，然而，真相會再度回到新的少數那一方。

「真相」（這是一頭麻煩的怪獸）、多數、公眾等等，發展的過程就和我們說某個人要去旅行以便尋回健康一樣：他永遠都在前一站。

一八五〇年

126

獨處

衡量人類的標準是：他可以忍受獨處、不求他人了解多久，以及能到什麼程度。可以一輩子忍受獨處，並獨自做出具有永恆意義決策的人，離嬰兒及代表人類獸性意義的社會型人最為遙遠。

一八五四年

127

人類的存在當中的衝突

講求性靈的人與純粹的粗人之間，有本質上的差別。

但理性難以辨識這番差異。

會出現衝突，是因為粗人會衝撞講求性靈之人，或者像獵犬一樣攻擊他。如果要我用希臘式的說法來描述，我必須說這種奇景娛樂了眾神，就和獵犬狩獵娛樂人類一般。實際上，前者的娛樂性更高，因為從理性的觀點來看，其中心要旨根本不重要。被比擬為獵犬狩獵的這場鬥爭，也比一般的狩獵更嘆為觀止，因為這是拿幾百個粗人與幾百隻獵犬相比。

從基督教的觀點來看，這個問題代表另一個截然不同的面向；衝突是追求性靈之人的教育、他的結業，以及他的使命，因為他的任務包括證明人是追求性靈的，在經過幾百年之後，隨著修飾過的粗魯日益嚴重，愈發需要講求性靈之人，但要做到這一點也需要更多的努力。

一八五四年

個體——數字

128

沒有人希望這麼費力：成為一個個體；這需要費盡心力。但到處都有供應假性替代品：成為少數！且讓我們聚在一起，成為一個群集，我們可能就有辦法面對了。這當中蘊藏了人類最深層的墮落。

一八五四年

無能——力量

129

從當代的觀念來說，我是所有人裡最無力的人，我不但不是大型黨派的中堅分子，也不是小圈圈裡的成員，甚至連組成兩人之黨都無能為力。

但，以當代的實境來看，我絕對代表了力量——從觀念上來說，我代表了無能的成員，這一群人愈多，就愈無力。

一八五四年

130

巨型企業

唉，轉變真大！大家一度用「人」來思索巨型企業：那就是一個巨人。
現在他們不斷吹捧巨型企業，但如果追根究柢，這些不過是侏儒企業，由數百萬個侏儒聚在一起，但重點是他們有一大群人。

一八五四年

131

我的辯證之箭基本上是瞄準「**群體**」；這是蘇格拉底教我的。我希望人們正襟危坐、注意聆聽，嚴禁虛度光陰，浪擲人生。許多人的人生就此虛度，貴族把這當成理所當然。他們對此噤口不言；他們在庇護之下度日，假裝這麼多、這麼多的人根本不存在。這便是貴族優越地位的邪惡之處：為了追求自身的舒適，他們壓根什麼都不在乎。

我不會這樣。我會喚起群眾注意他們自己的毀滅。如果他們不願意看，我會用正當的方法或犯規的手段強迫他們去看。請了解我——或者，至少，請別誤解我。我並不打算打擊他們（唉，一個人並無法打擊一群人）；不，我將迫使他們打擊我。事實上，我會強逼他們。如果他們開始打擊我，或許他們會開始注意；如果他們殺了我，便必然會注意到，如此我便可贏得絕對的勝利。就此而言，我完完全全是綜合所有辯證的混合體。很多人說過：「誰在乎**大師**齊克果？我會讓他好看，等著瞧吧！」唉，不管他們表現出來的是毫不在乎我，或者展現出他們在乎的是我應該知道他們不在乎我，在在都代表了依賴。如果前提是一個人夠ataraxia（平心靜氣〔希臘語〕），這就非常適合。他們展現了不尊重我，卻藉此表現了對我的尊重。人類並未墮落到試圖作惡，但他們盲目，不知道自己在做什麼。重點是引導他們做出確定的行動。孩子或許多多少少渴望違抗父親，但如果為人父者可以畢其功於一役，孩子就會更接近獲得救贖的命運。如果一個人讓路、站到一旁，群體的反叛就會勝利，也因此無法理解自己在做什麼。群體沒有中心思想；因此，如果一群人在因緣際會之下殺了一個人，群體本身將會停下來；這一群就會開始聚焦，清醒過來。

為了改革，反抗權威（比如教宗或皇帝，簡言之，就是獨掌大權的人）的人必須努力讓大權在握的人倒下，但是更自然而然回過頭來對抗「群眾」的人（所有邪惡都源出於群眾），必須設法讓自己倒下。

年分不明

四、存在——複製

132

哲學的說法十分正確：必須回溯才能了解人生。但這也讓人們忘了另一種說法：人親自去過生活——要向前走。人愈是認真思考這件事，就愈清楚凸顯永遠無法完全理解人生稍縱即逝的存在，因為我找不出一時半刻能讓我回首人生。

一八四三年

133

物質、荒唐及廢話，這些才是人們想要的，而非行動；他們認為這些才有意思。歌德在自傳《詩與真實》裡寫到自從《少年維特的煩惱》引發了極大騷動，他再也無法和從前一樣得到必要的平靜與隱蔽，讓他得以放下自我；成就為他帶來各種人際關係與聯繫。這種說法可真有趣，讓人感動啊。如果歌德真的有勇氣，如果他真的熱愛思考勝過與人交際，要阻止這種事可說是易如反掌；像歌德這種有能之人，輕易就能把人們拒於門外。怪的是，他和緩且溫柔，無意如此，但又把這拿來說事。這種事人人愛聽，因為這讓他們無須行動。如果有人大力宣傳：「很久以前，我很年輕時，我真心信奉平靜之道，但之後我汲汲營營於社交世界；許多人需要交際，我也受封為爵士，自此之後我就沒有時間思考或專注做事」——人們會覺得這番演說扣人心弦，並樂於傾聽。成功人生的祕訣就是：高談闊論你打算做什麼、以及你遭遇了多少阻力因而無法成功——但毫無作為。

有一天莫爾巴赫（Molbech）議員來拜訪我。他盛讚我的獨特之處及我獨特一格的生活方式，說這有利於提升我的作品。「我也想這麼做。」他說。之後他繼續對我說，當晚他還要參加另一場晚宴，以及「我應該會需要喝酒，我不想喝，但這免不了。如果我拒絕，我就會聽到對方說：『議員先生，就喝一小杯嘛！這對你有益。』」我回答：「要避免這種事太簡單了。根本不用說你不想喝酒，因為如果你這麼說，你會激起對方喋喋不休的同情。你只需要坐下來，當有人替你倒酒時嗅一嗅氣味，然後或者用說的、或者用臉部表情表達，指出這酒不怎麼樣。這樣就會惹惱主人，他也不會強迫你喝酒。」莫爾巴赫先生回答：「不，我不會這麼做；我為何要和別人翻臉？」我答：「為了落實你的打算——這個理由還不夠充分嗎？」但現實便是如此：他先是用浮誇無聊的態度花了一個小時和我聊聊，把我弄得像個傻子，然後去赴晚宴，再花一整個晚上對他的妻子說這好無聊：這就是生活及樂趣所在。

一八四六年

134

或許有很多作家比我敏銳且比我更有天分，但我希望看到更敏銳的人複製他的思考，養成第二股辯證力量。成為書本典籍裡的敏銳思想家是一回事，從辯證層面把思考複製到自我的存在中，又是另一回事。前者就像是無關乎輸贏的賽局，只是為了比賽而比賽，而複製（reduplication）則像是因為下了賭注而提高的比賽樂趣。書中的辯證僅代表思考，但複製思考則意味著要在生活中有所行動。無法複製思考辯證的思想家馬上就會發展出新的假象，他的思考永遠無法通過最後的行動檢驗。唯有行動派的道德思想家，才能捍衛自我，不去傳播假象。

一八四七年

135

藝術家、詩人、科學家等等極有可能過著一般來說受人崇拜的生活，這些人是否會受到迫害或嘲弄是機率問題。這些人和天下人分屬不同類別，他們的創作實際上也並未觸及存在，因為他們的媒介是想像力。但是追求道德的人基本上一定會遭受迫害，否則他的道德也乏善可陳。追求道德的人和天下人有關（亦即，和每一個人都有關係，而且一視同仁——全無差別），而且他和人類存在之間的關係是一種要求。如果追求道德的人發現人們想要崇拜他（崇拜對於詩人、藝術家等等來說再適當也不過了，因為他們和其他人不一樣），他自己必須要看出來這是一種欺騙，一種假象。追求道德的人一定不讓人們崇拜他，但是人們透過他必須受到激勵，進而邁向追求道德之路。一旦人們得以崇拜追求道德的人，他們就會把他的地位抬高到重要人物的層級，亦即把他放到不同的層次，而，**從道德上來說**，這是最可怕的謬誤，因為道德應該、也必須是世界上所有人的事。追求道德的人必須不斷堅持，反覆灌輸其他人，指稱人人都有能力像他一樣（依循道德行事）。這樣一來，就有了一種不同的關係。他不要求別人崇拜（人們還蠻樂於崇拜他人，尤其是恰好切合自身的懶散之時，比方說，他們會說：「嗯，這對他來說易如反掌」，或者「他是天才」等等），他要求他們**存在**：要他們實踐他傳播的理念。這讓人們憤怒。他們希望崇拜他，藉此驅逐他（他的存在對他人來說有如芒刺在背），他心中的人性感情讓他說出：「人人皆可為我所為之事」──同時也招致憎恨，致使人們希望和他保持距離。

另一種結局時，人們在他死後榮耀他，因為此時，這個和他們同時代的人，他的存在代表的那根刺已經消失。這個追求道德的人在世時遭遇的所有反對，在他死時都成了悼詞。如果追求道德的人在活著的時候就投降，這個世界會替他鼓掌一陣子，但沒多久世人就會說，這代表了他很懦弱──其他人至少在概念上很清楚何謂道德。但如果他拒絕投降，將會激怒全世界；在他死後，這個世界會說：「歸根究柢，他是對的。」

一八四七年

136

我很努力限制我的工作量，愈來愈費勁，只為奉獻所有心力，用最清晰、最美好且最真實的形式表達我的想法——其他的我不在乎。正因如此（因為我很冷漠）我才被當成瘋子而且備受鄙視。就和當代那些真正了不起的人一樣，如果我也把十分之一的力氣花在追求智慧，把十分之九花在追尋自己的興趣，看到我的作品在金錢與榮耀的加持之下賺進大把酬勞，那麼我也會變成了不起的人，一個備受尊敬、深受敬重的人！

因此，我敢於用我身為作家的人生當作一個小小的範例，毫無顧慮地來解釋基督教提出的真相、或是真相的概念（這裡指的是新約裡的說法，而不是穿著邦巴津織品[9]、

9 編按：邦巴津織品（bombazine）是一種以羊毛和絲綢混合而成的質料。

絨面呢、絲綢，以及天鵝絨等等華服的人在星期天時的閒聊）。喔，年輕人，要守住，尤其是在面對牧師和詩人之時。要守住，不要去做牧師星期天時大聲倡導的至高無上之事（因為星期一時他就會變成共謀分子，一起訕笑你，不，星期天晚上他就會在自己的俱樂部裡收到最新消息，知道是不是真的有人瘋了，相信他說的話並這麼去做，好讓牧師有些茶餘飯後的笑料，讓他可以大嘆某些人真是不成熟）。要守住，別去做詩人在詩篇裡盛讚之事，因為詩人日常生活單調乏味，他會加入大喊「pereat!」（讓我死了算了吧！〔拉丁文〕）的行列，這群人笨到去做……（各種蠢事，開放自行填空）。諸如賭博、狂飲、召妓、詐騙寡婦孤兒、散播謗言等等，（做了這些事）這個世界會原諒你，但最重要的是，你要守住，腦子裡不可有一絲絲的懷疑，千萬不可在你自己的生活裡落實牧師星期天所佈的道：因為此時將會放出撒旦，這無可寬貸。這是一場生死的拉鋸戰；簡而言之，對於每一個成為司法官、大主教的人來說，對於每一個身在無趣的物質穩定環境中，為人夫為人父的人來說，最重要的是，如果有可能的話，要立即限制（教會）這種企業。為何嫖客或賭徒不會惹惱世界呢？這些人反倒取悅了這個世界，因為他們比一般人更差勁。然而，這些人將會招致災禍啊災禍；他們什麼都不用說，光靠著生活方式就戳破了世俗的祕密！這個世界容得下星期天佈道的牧師，是因為從檢視牧師星期一的生活當中，群眾可以輕易理解如何去解讀這整件事——一個人為了展現善的表面，以及為了愚弄上主和容易輕信別人的年輕人，或許大可繼續奉行慣例，在星期天聽人傳布高標準美德（但是，傳道不過是牧師的營生方式罷了）。確實，如果人們一貫地奉行規範星期天聖日的戒律，那麼，就應該禁止牧師在星期天傳道；為何戒律對一方嚴苛、但對另一方比較寬鬆！所有店鋪星期日都必須關門，為何就容許牧師開張大吉？實際上，神職人員星期天仍在賺取薪資，但賺取金錢、流通金錢已經違反了主日法。

一八四七年

137

實際上，如今為了廢止聖經的改革行動，比路德（Martin Luther, 1483-1546）的廢除教宗行動更具合理性。和聖經相關之事物，培養出學術圈與法律圈對宗教的虔信，但這只不過是餘興節目罷了。這個領域的「學習」逐步滲透到最低階層，再也沒有人以個人身分去閱讀聖經。然而，用這種方式閱讀聖經造成了無法挽回的傷害；以和**生活**的關係來說，這裡後來成為容納道歉與逃避等等態度的堡壘，因為人必須不斷地查閱資料作為參考，人們必須確定教條完美無瑕之後，才能開始遵循聖經過生活，這是騙局——這表示人永遠不會去身體力行。

聖經公會正是凸顯這些任務的無聊諷刺之作，這個組織就和其他營利事業一樣為利所趨，他們忙著傳播聖經，和其他公司忙著出售商品一樣世俗：聖經公會犯下了無可補救的錯誤。基督教世界早就需要在上帝面前會恐懼、顫抖的虔誠英雄，有勇氣禁止人們閱讀聖經。這和鼓吹**反**基督教一樣必要。

一八四八年

138

複製是基督教教誨的核心。基督教的教義不僅本身有別於其他教義，其根本上的差異，就是教義能夠複製，也因此，傳遞教義的導師很重要。針對基督教提出的重要問題一定是這樣的：問的不僅是一個人所說的話從基督教的觀點來看是否為真，更要問說話的人**如何**行事？

因此，當一個穿著絲綢綾羅、戴著耀眼珠寶與各式裝飾品的人說「真相必須承受迫害」時，這樣的搭配比例、這樣的組合，只能營造出具美感的環境而已。他用他的話感動群眾——但在此同時，他的外表使群眾確信，現在情況並非太糟糕——糟糕的都過去了。這個身穿絲綢的人說（他很正統：無人能否定這一點）：「請記住，你並不知道你何時會因真相而受罪」，然後他哭了（因為他把自己想成殉道者）；但聽眾想的是：「那又怎麼樣！」他的外表及生活說的是另一個完全不同的故事：實際上他很安逸；現在真相已經無須再承受迫害。算他倒楣！在鄉下郊區的寧靜之中，有位牧師在星期天大聲咒罵與發怒，因為他在宣傳這個世界如何迫害基督教（及他的虔誠），我們很容易就看出來他是個粗鄙的小丑，藉由讓人相信他遭受迫害來滿足自己的虛榮，但他實際生活在鄉間的安穩之中，只有極為崇敬他的農民經常來訪。不，我親愛的朋友，這也是演戲。如果你懷著最大的熱情想插上一角，請到大城市的大型舞台上粉墨登場。

一八四八年

139

歸根究柢，針對基督教有以下兩種最明顯的錯誤表述：

1. 基督教並不是教條（也因此，爭論誰才是正統的糾紛也隨之出現，大家為了種種支微末節而吵嚷，人們的生活卻未改變；而且，他們爭執何謂基督教的態度，就像爭執何謂柏拉圖哲學一樣）——基督教是關乎存在的訊息。因此，每一代人都必須重新開始；過去世代積累下來的知識基本上並不必要，但是，如果這些知識可以了解自身及限制，也不必加以鄙視，假若做不到，就極為危險。

2. 基督教不是教條，不是像教條那樣無關緊要之事，只有（客觀）說出正確的話的人才能闡述基督教。不，基督並未任命教授，只選定了門徒。如果闡述基督教的人無法在自己的生活中複製（能複製正因為基督教不是教條），那他就不算闡述了基督教，因為基督教是關乎生活的訊息，只有於生活中落實的人才能說明。總而言之，在基督教中生活，以人的生活來表現基督教，正是複製的意義。

一八四八年

140

複製，是要成為所奉的信仰。因此，和不打誑語、身體力行成為所奉信仰的人在一起，人一定會變得更好。我從不曾放肆地說這是一個邪惡的世界。我要強調的差異是：基督教教導人們這個世界是邪惡的。但我不敢這麼說；我自己並未純潔到能這麼說的地步。但我說過：「這個世界很無趣，而這只是我自身生命的呈現。」有多少怯懦的牧師怯懦，卻膽敢站在講道壇前咆哮，說這個世界很邪惡？——而我納悶的是，他們的生命又呈現出什麼？——我從不曾放肆地說我會為了基督教不惜賭上一切。我並沒有這麼強悍。我從小處著手。我很清楚我冒了哪些風險，我也相信上帝會教育我，讓我學會冒更大的險。但就像敏斯特主教自己說的，一想到他樂於犧牲一切就讓他熱淚盈眶；就讓其他人半途而廢吧，他一定會堅持下去！上帝知道他冒了什麼風險嗎？人永遠都不應該講這種話。星期天短短燃燒一小時的熱火，只會讓人更加懶散怠惰。人如果沒**落實**行動，就絕對不應該說：「我將有所作為。」反之，人可以說：「基督教要求我這麼做，但因為我還沒用這種方法檢驗過，我不敢為自己發言。」比方說，我的財務獨立，因此總是謹慎地去談經濟上的憂慮，我常常想到，我畢竟沒有經歷過財務困境，我談這些和詩人的想像並無二致。

喔，如果人和人之間的溝通只有真相那就好了！有人捍衛基督教，有人攻擊基督教，當人們說這些話、做這些事時，如果能檢查一下自己的人生，不管是哪一方都不會那麼在乎基督教了；基督教不過是給他們一種生活方式而已。

現在，就拿我來說，我從早年開始便已渾身是刺。若非如此，我至今在塵世裡應大有斬獲。但實際上我辦不到，不論我多希望我能做到都無濟於事。因此我根本沒有價值，因為以一個依循正確道路的人來說，所謂有價值的標準在於他是否能駕駛輕便馬車或騎馬奔馳在正確的道路上，馬口上還能套上時髦的馬勒。

一八四八年

141

喔，說得太對了！丹麥需要的是死人。在死亡的那一刻我高奏凱歌，少有其他人體驗過這樣的勝利。在那一秒，我細瘦的雙腿和我的長褲和「索倫」這個名字將被遺忘——不，不是被遺忘，而是從不同的角度詮釋，而且會為我的志業帶來極大的動力。在那一秒，成為我的見證者的人都會說著和現在完全不同的話，因為他們不再需要否認了。就算是我說的最微不足道的話，都很有分量且獲得世人接納——在此同時，就目前而言，我最重大的成就也被棄之如敝屣，徒留下受人訕笑與忌妒的空間。

在道德分崩離析的狀態下，丹麥如今自覺，唯有死人的聲音才能突破；一個一輩子都在受訓練，目的正是要為這種情境做好準備的死人：才有能力去說關於一個死人的種種。

一八五〇年

142

宗教中的優先順序

宗教起於所有人都有以下的需求，而且這一點絕對不是胡說八道：你**必須**變得完美。如果你不這麼做，馬上就會受批評。這讓所有的廢話有了目標，說來說去就是一個人有多麼想要做這個、做那個。然而，一旦說到道德時，人只會自我控訴。若你沒有變得完美，你在生活中也不敢大談你真的非常希望成為一個更好的人，反而會馬上謙虛地招認：如果說我並未變得完美，這全是我的錯。我是讓自己無法變得完美的唯一障礙——因此全是我的錯。我非常渴望讓自己更完美；沒錯，而若要說有什麼事阻礙了我，就相當於褻瀆了上帝及祂的訓示，這是道德上的欺君犯上大罪，這是狡猾的虛偽。

一八五一年

143

非常諷刺！

被他人口耳相傳說你很有能力去做些什麼事，這是最讓人害怕了。你有能力——你真的想知道大家怎麼說嗎？——你有能力安貧樂道；你有能力抵擋各種不當的態度、虐待等等，幾乎每一種都能承受。但你並不想知道這一點，不是嗎？你會對告訴你這件事的人發火，而且只會聯絡支持你的朋友，對他說：「不，這些事我才做不到，這已經超乎我的能力了。」諸如此類。

一八五五年

五、諷刺——間接溝通——蘇格拉底

144

誰受歡迎

一個人因為使用了特殊的表達方式而受歡迎；這種事經常發生；這些術語成了風潮，人人都跟著說，直到傳到最後一個傻子。

但追隨心中理念的人**基本上**在當下不受歡迎，未來也一樣不受歡迎。蘇格拉底正是因此而不受歡迎，因為他並未使用特殊術語，但要掌握與理解他的「無知」，比起了解黑格爾整套哲學需要耗費更多心力。

一八四五年

145

我的命運看來是要寫出我目前為止發掘到的真相，同時毀棄所有附帶的權威。那麼，當我全無權威，在人們眼裡顯得毫不牢靠時，我就能提出事實，並讓人們身陷衝突，他們唯有靠自己吸收真相才得以掙脫困境。唯有人格成熟的人才能消化事實並轉化成屬於自己的，不管實質內容是否為巴蘭的驢子所說的話[10]，或是他的馬放聲大笑，還是基督門徒與天使。

一八四三年

146

和多數站在同一邊的諷刺者，**本身**便是平庸的諷刺者。和大眾站在一起，是發自內心就不想反省；諷刺是要同時質疑左派和右派。也因此，真正的諷刺者絕對不屬於多

10 編按：《摩西五經》（*Fourth Book of Moses*）的《民數記》（*Book of Numbers*）第二十二至二十五章，是〈巴蘭和他的驢子〉（Balaam & Donkey），上帝賦予這頭驢子異稟天賦，讓牠能和主人對話。

數。愛打趣說笑的人才歸到這一類。

一八四六年

147

諷刺的定義

諷刺是綜合體，結合了一股在人內心論壇中不斷強化自我的道德熱誠——以及源源不絕出自這個自我的外顯（表現在與人交往時）良好教養。（因為有後者，導致無人注意到前者，因此，其中的機巧，便在於前者的真實無盡永恆性立基點是什麼。）

一八四六年

148

柏拉圖有幾則對話結束時沒有確定的結論，其理由比我迄今為止能想到的深刻。柏拉圖確實在仿傚蘇格拉底的「助產術」，激發聽眾獨立思考，因此不下結論，惟留下刺激。這是對現在死記硬背學習法的絕佳嘲諷，現代的方法是同時把所有的內容都攤出來，愈快愈好，這種方法絲毫無法激發獨立的心智活動，徒讓學生重複囫圇吞棗罷了。

一八四六年

149

我的整體根本存在所需要的技藝，包括別去討論是什麼如此無窮無盡地籠罩著我，以及閉口不談那些我竭盡全力慢慢寫出來的書，更包括原則上永遠被他人握於股掌之間、隨時都得談談其他事，比方說玩笑、嬉鬧等等，就像世上有的是時間的那群閒人。

一八四六年

150

人們不但相信，而且大談廢話，並因廢話而感動，因為他們覺得蘇格拉底就是因為這樣才大受歡迎。哼！他到處去和補鞋匠及皮革工人等談話，不過是用來對抗「受過教育的哲學家」的諷刺性辯論；讓他感到愉悅的是，由於他和補鞋匠使用相同的語言，看起來雙方好像真的有對話；但其實蘇格拉底是用完全不同的方式來運用這些語言文字。

一八四六年

151

為何蘇格拉底會自比為牛虻？

因為他希望自己的影響力合乎道德。他不希望成為受崇拜的天才，遠離其他人；但，實際上，這會讓他的人生更輕鬆一些，因為人們會說：「沒錯，他的一切都很好，他是天才。」不，他只做人人都可以做的，只理解人人都能理解的。這當中便蘊藏著警世諷刺。他抓住一個個對象，讓對方煩憂，無休止地以平凡無奇、天下眾人之事步步逼進、逗弄對方。他也因此成為煩人牛虻一般的人物，攪動了他人的熱情。而且他不允許對方怠惰、頹廢地盲目崇拜他，直接宣稱他就是靈魂的所在。當一個人擁有道德力量時，其他人樂於推高此人的地位說他是天才，藉此排除他；因為他的人生對他們的人生構成了一種主張、一種要求。

一八四六年

152

我認為，勝利不代表**我這個人**贏了，而是理念藉由我這個人贏了，只是，要想贏得這場勝利必須犧牲我。

一八四六年

153

要衡量一個人身上的能力，或可以從他的理解與他的意願之間相差多遠來看。一個有能力理解的人，他也必須有能力強迫自己**願意**實踐。理解與意願之間，存在的就是藉口與逃避。

一八四六年

154

如果一個人無法實踐他所理解之事，那麼他並非真正理解。只有特米斯托克利[11]理解米爾太德，也因此他實踐了他所實踐之事。

一八四六年

quoad doctrinam（在教學方面〔拉丁文〕），雖然蘇格拉底被人譽為受歡迎的哲學家，但他這個人過去、現在與未來其實並不受歡迎。有多少人能理解他？在每一代裡，有多少人能了解一個想法可能大大影響一個人，讓他願意為了實踐這個理念慨然赴死（從這方面來說，談世代累積人數並無意義，因為這項任務必須由每一個人親自去承擔）？這正是所謂英雄的意義，而且，本質上，英雄在各個世代都不受歡迎。英雄和每一個人都相關，有很濃厚的個人色彩，每一個人都可能成為英雄。英雄主義和人與人之間的差異（是否為天才、藝術家、詩人、貴族等）無關，不，英雄主義代表要在「天下人」這一類成為行家。英雄主義指的是要在每一個人都能偉大的面向上展現偉大。

說蘇格拉底是天才很蠢；若他是天才，他才不會和「天下人」（亦即，每一個人）為伍，而會讓自己置身於外；但是，若是如此，他也不會成為和牛虻一樣惹人厭的人物。

一八四七年

11 編按：根據羅馬時代的希臘作家普魯塔克（Plutarch）所言，特米斯托克利（Themistocles）非常善於將自己代入米爾太德（Miltiades）的立場，因此才能在日後的薩拉米斯（Salamis）戰役裡拯救希臘人，和十年前米爾泰德在馬拉松（Marathon）戰役裡拯救他們的情境如出一轍。

156

身為優越得到的力量，最後會以喪失力量告終。蘇格拉底擁有優越的力量，而他正是因此被處死刑。倘若他和芸芸眾生一樣的話，他原本可以在法庭之前發發牢騷並討好眾人，那就不會被判死刑了。然而，就因為這個強人可以輕鬆微笑承受所有暴虐與卑劣，他反而無力招架死亡；要是他很懦弱，就可以贏得憐憫，完全毋須受苦。

一八四八年

157

基督教世界裡的蘇格拉底

蘇格拉底無法證明靈魂永生。他只是說：「這個問題如此縈繞我心，我會在『永恆』為真實的前提下來安排我的人生秩序——萬一證明這是錯的，**那就這樣吧**，我也不會對自己的選擇感到後悔；因為這是我唯一在乎的事。」

如果有人也能這麼說、也這麼做，那將會是基督教世界的一大助力：「我不知道基督教是否為真，但我會在其為真實的前提下安排我的人生秩序，決定我的人生重點——萬一證明這是錯的，**那就這樣吧**，我也不會對自己的選擇感到後悔；因為這是我唯一在乎的事。」

一八五〇年

158

蘇格拉底——基督教

蘇格拉底是對的：如果一個人無法做對的事，那是因為他不了解什麼是對的；如果他了解，就會做對的事——**所以說**：人的罪就是無知。

基督教是對的：人的罪是有罪的。當一個人無法做對的事，沒錯，那正是因為他不了解什麼是對的；如果他了解，就會做對的事……云云。但他之所以不了解什麼是對的，原因是他無能理解，而他之所以無能理解，是因為他**不願**理解——這是重點。而，唯有把一切當成罪行，基督教才得以管理這個世界，才能設法維持秩序。

一八五〇年

159

存在——辯才（口才）

一個人愈努力過日常生活，就愈不願意大放厥詞。請參考蘇格拉底。像他這樣的人，太清楚高談闊論及辯才無礙並不會帶領人們走進「存在」，反而只會遠離，「存在」在日常中會以瑣碎的問題表現出來，而不是光鮮亮麗的情境或迷人的議題。因此，像（蘇格拉底）這樣的人會說：「天啊，如果我一星期或一年花一小時辯論，那會變成什麼樣啊？」——但他不會去做，像他這樣的人反而會成為諷刺者、逗弄者。這是什麼意思？這代表他一直把生活中的瑣事和最高階的事物放在相同位階，藉此要求世人留意，即便人生有一些最高階的問題，但重點是「存在」也關乎最平凡不過的瑣碎小事；簡而言之，他不會為了美學的緣故而把問題拉開距離。

另一方面，一個人愈沒有個人生活，他就愈渴望滔滔不絕。

現在，請想一想基督教世界的狀況。

一八五一年

160

蘇格拉底與其他人

蘇格拉底總是在談飲食——但實際上他持續談論與思考著「無限」。

其他人高談闊論「無限」，但實際上他們時刻掛在嘴邊的是飲食、金錢和利益。

一八五二年

161

對比形象

聖伯納德[12]公開大肆宣揚聖騎士；幾千人、幾千人不斷聚集；他甚至還沒說完，人群裡就響起如雷的呼喊：十字架，十字架！——你看，這正是朝向人類的獸性命運那一方走去，把人類揉捏成獸群。

喔，蘇格拉底，你是高貴的聖賢！在群眾裡，被這幾千人、幾千人環繞著，你仍努力把「獸群」拆開，找出代表人類性靈命運的「個體」。聖伯納德是一位基督徒，這種事就發生在基督教世界裡——蘇格拉底不是基督徒——但是蘇格拉底的方法中蘊含的基督教義超越聖伯納德。

一八五三年

基督教的困惑

162

基督教的意義是：要實踐你佈的道；這是一項和人格有關的任務。把基督教變成教條，變成死氣沉沉、憂悶陰鬱的冥想目標，培養出一類有害的思考者，他們會以自己的想像力洋洋灑灑寫出四十頁的文章，並在第四十一頁的結尾時說：畢竟，要完全了解基督教是不可能的。喔！真是要命的浪費時間。但連聖奧古斯丁（St. Augustine, 354-430）都是如此！

如果可以的話，我會說非常明顯、清楚到純淨無瑕的是，蘇格拉底並不是**這樣的**思想家，因為他努力地區別出他能掌握的、能理解的事物，與他無法了解的事物！如果有人必須去讀第四十一頁，內容仍會是：畢竟，要完全了解基督教是不可能的，但蘇格拉底可以替人們省下前面的四十頁。要是這種方法受到採納，教授們將會如何呢？

一八五三年

12 譯註：聖伯納德（Bernard of Clairvaux, 1090-1153），擔任修道院院長，是修道院改革運動領袖。

163

諷刺

我的整體存在基本上就是最深刻的諷刺。

前往南美，潛入地下洞穴以挖掘出死亡動物的遺骸及遠古化石，這並無任何諷刺之處，因為我們今天遇到活在這些地方的動物，不會假裝自己和古代動物一樣。

但是，深入「基督教世界」的中心，希望挖掘出基礎，以便理解身為基督徒的意義到底是什麼；然而，這個基礎和現代基督徒之間的關係，卻猶如古代動物的骨骼和現代動物之間的關係，因此，這是最強烈的諷刺。諷刺之處在於，基督教應該存在的同時，卻還有著幾千位穿著天鵝絨、絲綢與絨面呢等華服的高級神職人員，以及幾百萬的基督徒招徠更多基督徒。

蘇格拉底的諷刺實際上有哪些東西？是不是使用了特殊術語或措辭的演說等等？不，這些都不是重點。或者，是以諷刺性的方式展現他演說的才華？不，這些元素都不能組成一個蘇格拉底。不；他的一生全是諷刺，內容如下：與他同一個時代的人都是農民與販夫走卒，簡言之，這些群眾雖然絕對知道自己是人類，而且知道身為人類代表什麼意義，但蘇格拉底（以諷刺的方式）深入探問，並忙於探究以下這個問題：身為人類有何意義？當他這麼做時，實際上是表達這些人的喧囂奔忙都是假象，是幻象，是騷亂，是噪音，是喧鬧，諸如此類，從理念的角度來看實等於零；或者，如果要問這些人能如何善用人生、從中尋找出理想性，甚至還小於零。

針對基督教的諷刺，除了蘇格拉底之外，還有另一個元素，即基督教世界裡的人們不只認為自己是人類（蘇格拉底對這一點當然有所保留），更認為自己從歷史上來看是確立穩固的事物，而這正是身為基督徒所代表的意義。蘇格拉底質疑「人生而為人」；事情沒有這麼簡單，至於身為人有何意義？相關的理解同樣沒這麼簡單，最讓蘇格拉底念茲在茲的，正是人的理想性，這也是他尋覓的標的。我們可以思考的是，假設有人對蘇格拉底說人類早已臻於完美，而且是不知不覺間就進步了；如今連小孩都知道的道理是，**生**而為基督徒，就代表生下來就得以進入「高貴的宗派」，那麼蘇格拉底不知道會怎麼想。

一八五四年

六、迎向大災難

164

這女子替我惹的麻煩夠多了。現在她不但沒死，而且還活得好好的，開開心心地嫁人了。那天（六年前）我就說過會發生這種事，卻被大家指為最下等無賴中最下等的那一種。真是怪哉！

一八四七年

165

NB—NB

我的整體存在已經有所轉變。我的隱蔽及沉默已被打破——我必須把話說出來了。

偉大的上帝，請賜我恩寵！

父親這麼說時，說的確實是事實：「只要有了錢，你就無法有成就。」他把這話當成預言；他相信我有了錢會痛飲狂宴，尋歡作樂。但事實並非如此。不，但是我——我敏銳的心靈和我的憂鬱，再加上金錢的推波助瀾，喔，這樣的條件實在太有利了，恰恰能在我心裡醞釀出所有自我折磨的苦難！

（**機緣巧合**之下，當我下定決心要把話說出來時，我的醫生來了。但，那時我沒說出口，真的說出來的話對我來說也是太突然了。但我心意已決：我一定會把話說出來。濯足節[13]和復活節對我來說成為真正的聖日。）

一八四八年

166

13 編按：濯足節（Maundy Thursday），源自耶穌在受難前夕為十二門徒洗腳，為復活節前的星期四。

唉，她無法打破我憂鬱之沉默。我愛她——沒有什麼比這一點更明確——這一點也把我的憂鬱養得更嚴重，喔，我的憂鬱接觸到了更多可怕的東西[14]。我成為作家基本上是因為她、我的憂鬱和我的錢。如今，在上帝協助之下，我應成為真正的自己，我有信心基督將會助我克服我的憂鬱，我將能成為一位牧師。

即便我憂鬱，我仍愛這個世界，因為我愛我的憂鬱。萬事萬物都讓這段關係更緊張：她的痛苦、我所有的努力，以及最後我成為嘲弄的對象；這一切，在上帝的協助之下，有助於我最終破繭而出，現在我落得必須賺錢謀生。

一八四八年

167

NB——NB

復活節後的星期一

不，不，我的保守沉默完全無法打破，至少現在辦不到。想要打破的念頭讓我念茲在茲，這麼一來，只是讓這份保守沉默日益根深柢固。

縱使如此，和我的醫師聊聊仍是種安慰。我通常已經習慣了害怕自己：我怕我或許太過驕傲，因此無法向任何人吐實。但我之前曾經吐實過，我現在要再來一次。我的醫生到底能對我說什麼呢？什麼都沒有。但是對我來說極為重要的是，我尊重由適任的人做出判斷。

我在智性上的活動完全能滿足我，而且讓我歡喜地接受一切，只要我可以繼續奉獻自己。因此，我也可以預見我的人生：我向別人報喜，說著安適與歡欣的訊息，但自己仍困在我早已預知無法緩和的痛苦當中——惟有一件事除外：我或許可以繼續從事我在心靈與性靈上所做的工作。喔，在這一點，我確實不會對我的人生境遇有任何異議；反之，我每一天都感謝上帝，賜予我超過我所預期，我每天都向祂禱告，希望祂會讓我受苦好讓我感謝祂——祂知道的。

14 編按：原文有所佚失，經學者考證後補上佚失的文句：「但她仍不能成為我的人。我過去是、現在仍是一個懺悔者，開始這一段關係惟有大量加重我的懲罰罷了」。

但問題在於。我的生計問題未來會愈來愈嚴重。如果我沒有被綁手綁腳的保守沉默束縛著的話，或許會成為政府官員。但如今這很難了。我想了很久，納悶自己到底有沒有可能破繭而出，而迄今為止，我的處事都在逃避，我是一個逃避者，我常常想，試著挑釁是我的責任（尤其是我的保守沉默很可能成為我罪的源頭）。

如果我從未如此，我一定會不斷責備自己。現在我吐實了，再一次了解自己，比過去更深入，這幫了我大忙。

現在我把希望寄託在上帝身上，祈禱祂會用某種方法協助我身為作家的活動，或者用其他方法補充我的生計，讓我可以繼續寫作。

我真的相信人的罪會獲得寬恕，但我的理解是這樣的：在寬恕之前我必須受罰，這表示我必須囚禁在由我的保守沉默構成的痛苦囚籠裡，直到我的日子終了；從更深刻的意義上來說，就是不和其他人溝通——當我想到上帝已經寬恕我時，就覺得我的處罰減輕了。我無法、至少現在還做不到懷抱異常堅定的信仰（我尚無如此明確相信的信仰），讓我可以藉由信仰擺脫痛苦的記憶。然而，依附著信仰，我擋開絕望，承受我的保守沉默帶來的痛苦與懲罰——在上帝如此慷慨且慈愛賜予我的心靈與性靈活動中，我的快樂或喜悅難以形容。

如果要打破我的保守沉默，可能會由上帝來施行，幫助我達到一個恆久的狀態；或許祂現在就在幫助我，把我的心靈扭轉到那個方向。但，我若想要藉由嚴正地透過無盡的思考擺脫我的保守沉默，將導致走向相反的結果。

一八四八年

168

若我敢於和她重修舊好，**那**將是我唯一的心願，並帶給我深刻的內在歡愉。但我對她（和舒爾格）的婚姻有責任。如果她從我這裡確知我過去與如今是如何深愛她，她將會對自己的婚姻感到後悔。她守住這樁婚約的理由，是她認為不管她有多了解我、崇拜我與愛慕我，我仍會卑鄙地對待她。她的宗教信仰不夠虔誠，無法獨自面對一場不愉快的癡戀——我從來不敢直接幫助她；這讓我飽嘗痛苦。

若非我在憂鬱與悲傷當中也能感到喜悅，我就不可能在沒有她的條件下活下去。在我真正嚐到一般人的快樂的那些日子裡雖然不多，而且很零散；我總是莫名地渴望她，這個我曾如此深愛的女子，而且，她的懇求曾經深深打動我。但是我的憂鬱及我靈魂所受的苦，致使我無法像一般人那樣說話，我總是不快樂——也因此我完全沒有快樂能與她分享。然而，我不敢寫下關於她的一絲一毫——只要我活著，我就要對她的未來負責。

一八四八年

169

這股對日耳曼的恐懼都是想像，是一場遊戲，是一種奉承國家虛榮的新嘗試。百萬（丹麥）人大大方方、坦坦率率地自承是小國國民，在上帝的面前，每個人都代表自己，堅決認定自己就要成為這個樣子，這將構成一股龐大的力量；這毫無危險。不幸之處另有所指；不幸的是，這個小國道德敗壞，本身分崩離析，每一個國民都極度忌妒鄰人，反抗所有權威人士，對待「大人物」時心胸狹隘，無恥且不受控，從而放縱、激發、引起由烏合之眾組成的暴民暴政。這形成了一種墮落的善惡是非觀，而這正是（丹麥人）恐懼日耳曼人的理由。但無人敢公開說造成不幸的真正原因在哪裡，人們鼓足了自己所有不健全的熱情，並從起身反抗日耳曼人當中確認自己的重要性。

丹麥正在經歷一段可憎的時期。地方主義與心胸狹隘的抱怨不斷彼此爭鬥；到頭來，甚至變成如果一個人不穿戴特定的衣帽，就會被懷疑為日耳曼人。另一方面，則有共產主義者的反叛[15]；只要有點資產的人都會被公開羞辱，並在媒體上遭受迫害。

這就是丹麥的不幸外顯出來的模樣——或者說這就是丹麥的懲罰；這個國家並不真心畏懼上帝，這個國家的道德觀僅有小鎮蜚短流長的程度，這個國家崇拜的理念是成為空虛，這個國家的學童擔任法官，應該治理國家的人畏首畏尾，應該服從的人卻大膽無恥。在這個國家每天都可以看到新證據，證明這座島上根本沒有公眾道德——惟有出現一位暴君，或是一些殉道者，才能拯救這個國家。

一八四八年

15 編按：指一八四〇年法國二月革命之後，許多歐洲的政治組織開始使用「共產主義」一詞。

170

但我需要實質的娛樂與休息。我最近在替我最寫的書[16]校稿，我對出版這本書引發的諸多問題感到憂心忡忡，此時我的財務狀況極度困窘，我已持續工作了七年，我必須搬進另一棟公寓，甚至連安德斯[17]都被別人帶走了，我現在我只剩自己一個人——然而我仍不斷書寫（感謝上帝！這是唯一能幫助我的事）及創作（就連過去幾天，我都還在寫《死病》這本新書），這些事在在讓我有點緊張。還有，我原指望今年可以去旅行——甚至是大量旅行——但現在我找不到地方去。

我有些不安的疑惑——但在上帝的協助之下，這些疑惑應該能夠、也確實幫助我更了解自己。讚美上帝；這仍是我生命中充滿陽光的那一面，讚美上帝，因為這裡蘊藏著總是能自行更替的永不枯竭歡愉之泉：上帝就是愛。

我愈來愈明白基督教實際上給了人類太多的恩賜。只要勇於想一想「相信上帝曾為了我來過這個世界」是什麼意思就好了。「一個人應勇於相信這件事」，這話可算是最瀆神、最自大的傲慢了。如果這話不是上帝自己說的——如果是人類為了彰顯人對上帝而言有多重要而這麼說，那麼，確實，在所有瀆神言論中，這會是最可怕的。所以，這句話並不是為了讓人類彰顯自身對上帝的重要性，而是要證明上帝的愛是無盡的愛。這確實是一份無盡的愛，祂關心小麻雀，但也為了罪人而生、為了罪人而死（罪人甚至比麻雀還卑微）：喔，無盡的愛。

一八四八年

171

沒有哪件事會讓我斥責別人：他們不了解我。即便是在這個時候，不論每個人內心深處到頭來是否都想著上帝，我仍不會放棄一開始就有的想法。我從未忽視任何人，連面對最樸質單純的男僕或女僕時都不曾——唉，「服侍上帝」的人一想到一件事靈魂深處就必會顫抖：如果上帝回過頭忽略你。這一點現在是、未來也是我的不幸：以世俗的

16 編按：指《基督教論述》（*Christian Discourses*）。
17 編按：齊克果的男僕。

說法來說，我為人們做了太多。我本來可以假裝忽視他們——唉，但我沒有，我甚至不太敢承認他們在我心裡是這麼重要——好讓我自己不會成為世人眼中不折不扣的瘋子。

忘了向女僕道再見這種小事，已足以讓我難過，就像是我犯了罪一樣，就像是上帝要放棄我一樣。——而且，我的傲慢困擾著我。

我在每一件事情裡都看到一種關係，和對上帝的責任有關，但好像沒有人對我有責任。

一八四八年

172

我認為我已經沒有幾年好活了，但無論我的生命是只剩一小時還是七十年，我都已經做好決定了：每一刻（在這方面，我或許還能夠花點時間娛樂消遣，但我會請求上帝的允可）我都要用來闡述基督教。基督教（大體上）已經被人背棄了，這話說的再真實也不過了。在這方面我就像是密探一樣。

173

一八四八年

這個問題不比修正基督教更重要或更不重要，這件事是要勾銷一千八百年的歷史、彷彿這段時間從不曾存在。我完全且堅定地相信我在這方面一定會成功；一切對我來說就和白晝一樣清楚。但我愈來愈敏銳地感覺到，在最無耐性之時，在最不堅強之時，我裹足不前，我的想法愈見困惑。

我早上起身時感謝上帝——然後開始工作。傍晚日落時分我停下來並感謝上帝——然後我上床睡覺。我就這樣過生活，雖然有些時候充滿了憂鬱與悲傷，但，大體來說，我在最幸福的魔法之下過著一天又一天。唉，我就這樣在哥本哈根過生活，在哥本哈根，我是唯一不受人認真看待的人，是唯一無用且無任何成就，且本來就半瘋的人。大眾這麼評斷我，但真正能看得更深入的人，大多會駁斥這種一般人對我已經形成的定見。

一八四八年

174

去年夏天

之前的訂婚看似支持我去實行我早就知道該做的事：停止我的創意寫作；去年夏天讓人非常痛苦，讓我在舊有的問題結束之後，又不斷面臨新的外在煩憂。

戰爭把安德斯從我身邊帶走；我對自家的印象愈來愈模糊，史褚柏[18]的病是非常糟糕的轉折，讓我的印象更模糊了；我多希望我能離得遠遠的，但我無法離開。

除此之外，我的經濟問題也同時揮出致命的一擊，在我們知悉任何消息之前，可能就已經陷入所得稅的麻煩裡了。

接著萊契爾[19]也做得很過分，讓我萬分絕望。當一名作者要我這樣犧牲已經夠糟的了，之後更因為**身為**作家而損失金錢，還可能由於我寫的小冊子而戕害了我的未來；然後，我不僅找不到一個能配合的出版商，對方甚至還用他的恐懼、憂慮，以及極不合理的要求折磨我，要我讓他每星期先印製一、兩疊手稿，然後等到一年裡比較方便的時候才出整本書！一切都過去了，這麼說是沒錯，但以我的處境要經歷這些事讓我極為痛苦。

此外，把公寓租給我的房東，持續一整個夏天都用惡臭折磨我。很多、很多次，我可以說是必須發揮心靈的力量，才能避免因為失去耐性而生病。下流粗話與窺探好奇在方方面面折磨我。我的家過去對我來說是一大安慰；擁有一個舒適的家，是我在塵世最重要的鼓勵。我正是因為這樣才租下一棟無比精緻且昂貴的公寓——付出兩百個銀幣卻飽受痛苦至此！

18 編按：史褚柏（Frederik Christian Strube, 1811–1867）是齊克果的僕人，後因思考宗教的問題而發瘋。

19 編按：萊契爾（Carl Andreas Reitzel, 1787-1853）是丹麥出版商和書商，旗下有許多重要的丹麥作家，是丹麥當時最大的出版商。

我不知道最終的作品能否付梓，這股懷疑一而再、再而三地打擊我。

我在哥本哈根幾乎無法享受到娛樂，因為，只要我一現身，公眾就會對我這個人表現出惡意的好奇。

除了這些以外，我還飽受折磨，經歷夏天通常會讓我感受到的不適。

再者，奧森議員過世了，更讓我蒙上一層煩憂。

在這段期間，我必須自我否定我的基本支持力量：我不敢展開任何新的工作，更別說以極快的速度與強大的動力去做。我一度決定不再寫作。但寫作是我真正的人生。

當然我的憂鬱也在其中插上一角，如果不是發生這麼多事也不會發作；在創意寫作上，我已經完全迷失自我。

的確，那對我來說是一段格外艱困的時期。我只能解讀成這是在訓練耐性，並希望這能真正對我有益。不論多痛苦，一定能幫助我變得更堅定。

但且讓我別忘記感謝上帝，感謝祂賜予我難以言喻的美好，遠遠超乎我的預期。我靈魂中最初有的是受祝福的事物，我期待這對我來說是永恆不變的真理：上帝就是愛，祂的智慧無窮盡，祂的可能性無窮盡，我卻只擁有一隻小麻雀的智慧，在幾乎沒有可能性能讓我依靠時，祂卻給了幾百萬個可能性。

一八四九年

175

NB

不，不，我做不到；而且，現在看來我也不可能比享有獨立收入之時更昂揚、更大膽。不，不，失去這些獨立收入之後，我必須靠著某些公職或其他方法來穩固我的存在——我一向認為這是我必須做的事——我不能超越那一點；這相當於是觸犯上帝。

我在日誌中以NB10為題寫下關於我自己的內容，完全真實。我需要好的待遇，才能義無反顧地超越自己。我本質上是個詩人，是個天才。我不是能指導與規範一切的人；那不是我的意圖，但我被緊緊綁縛，一股更高的力量伸出手，透過我的憂鬱和我對於罪惡的意識來使用我這個人。我自己就像化身為反省一般：永遠都在倒轉。（公開承認我從事了哪些活動[20]，和我的自我否定相牴觸。）所以，我不斷地顫抖，即便我在宗教上做了這麼多努力，我仍顫抖，因為我想到我得以作家的角色出現，身處長期對我加諸某些責任的環境，所謂長期可能意味我一輩子，都得困在有限的範疇之內；也就在此時，我要訓練自己，對我日益嚴峻的財務狀況致哀。

一八四九年

176

另一件事或許更魯莽，或許更大膽，或許涉及更多勇氣和風險，但對於我的內在自我而言，這件事不會因此變得更真實——畢竟，真實更重要。

如果我反省自己的私生活，我會是一名貨真價實的基督徒嗎？又或者，我私人面的存在並非純粹如同詩人一般，可能還帶了一些魔性？我的想法是，我**膽敢**讓自己不快樂到這種地步，我應該已經做好準備以成為一名真正的基督徒。然而，那麼，是否能容我做得轟轟烈烈，把整個國家的基督教都捲進這場賽局？我對此難道不能有什麼驚人之舉嗎？比方說：透過可謂叛逆的行動，犯下縱火罪以投入上帝的懷抱？或許有（但我不知道），因為，或許說到底我根本並未成為基督徒。

不管怎麼說，一切都在於我沒有善用自己的作家性格，因為這顯然會讓我更深入鑽進「有趣」的面向，而不是困在那裡爬不出來，與我同一代的人也將會這樣批判我。必須用簡單的方法做出最單純的轉變，我要繼續保持沉默，並試著得到一份公職。

如果成真了，那我絕對不應該再當作家，但我仍會帶著這「有趣」面向中的大部分：是我自己畫上作家生涯的句點，因此正式來說仍符合我的人格特性。簡單的做法，是安靜且沉默得轉變到新的狀態，想要鄭重畫下完整句點的想法極為危險；簡單的辦法，是真真切切地完全結束。

我必會後悔，並自我指責，因為我在好多篇日記中都試著拉抬自己；我懇求上帝寬恕我這一點。

20 編按：指公開承認他所有的作品，包括用筆名發表的作品。

到目前我只我都是作家，除此之外絕無其他，這代表著對我而言，期望能超越自己的幽閉禁錮，是非常嚴峻的掙扎。

《基督教之訓練》（*Training in Christianity*）這本小冊子對我個人來說意義非凡，話雖如此，但我是否該立即出版？少數人需要非常強效的療法，或許我正是其中之一；我該不該先出版這本小冊子，而不是先接受醫藥治療，接著用真正的熱情成為基督徒，以期從中獲益？這是個虛幻的想法。

這本及其他小冊子都已經寫成；它們確實存在；或許到了某個時刻，這些小冊子會順利出版，而我也有力量把它們發送出去，那時它們對我而言也將成為內在的真實。

從多方面來說，我的創意寫作確實成就了我的教育——好吧，但這是否意味著我現在不需要以滿懷的熱忱成為基督徒，反而應該在這個世界做名大人物？

也因此，《死病》將會出版，但是我以筆名掛名編輯。我說本書是「用以啟發」；本書的層次高過於我所屬的類別（作家的類別），本書已經屬於「教化」層次。

西班牙的瓜達幾維河（Guadalquivir）（這條河的畫面一直出現在我眼前，從我其他篇的日記中就可以看出來）在流經某一點時便會奔向地下，這也一樣，同樣有著延展擴大的效果，這是以我之名所進行的「教化」。比較低階（美學）的作品以筆名發表，因為那並不呼應我的個性。

我用的筆名為：約翰納斯．反克利馬可斯（Johannes Anticlimacus），這是用來對照宣稱自己非基督徒的克利馬可斯；反克利馬可斯是另一個極端，他是異常狂熱的基督徒——要是我自己有辦法成為和他一樣的基督徒就好了！

《基督教之訓練》一書可以循相同的方式出版，但不急。

沒有什麼事會讓身為作家的我憂慮（必須出版也不會）；這只會引發想要預測未來的虛假，雖然很現實，但只是把一個人變成「很有趣」而已。

總而言之，自此以後我要面對的挑戰就大不相同。我應敢於相信在基督的協助之下，我可以從憂鬱的魔掌中獲救，脫離一直以來的憂鬱生活；我也應努力試著過得更節儉些。

一八四九年

關於我自己

177

確實，有些不同於我原來計畫的事將會發生。

當我以作者身分開始撰寫《非此即彼》時，我相信我對於基督教的**「令人敬畏的恐怖」**（awful terror）有更深刻的認識，超越這個島上所有高階的神職人員。我感受到的恐懼與戰慄，可能無人能比。這並未促使我放棄基督教。沒有。我用不同的方式對自己提出解釋。其一，你知道的，我從很早就知道，有些人可以說註定要受苦；其二，我沉重地了解到自己背負著罪，因此我認為基督教必定會來到我身邊，且偽裝成令人畏懼的恐怖。而我在想，如果我因此嚇壞了很多人，或許驚擾了許許多多快樂可愛的生命，這些人極有可能是貨真價實的基督徒，那麼我就太殘酷且錯得太離譜了。驚嚇別人非但極不符合我的本性，甚至可說是完全相反；很可悲、但或許也有點驕傲的是，我發現安慰別人，以及和有著極溫柔靈魂的人相處時能讓我愉悅——幫我隱藏起內心最深處讓人恐懼的事物。

因此，我打算：如果和我同時代的人們無法自行理解必須要有更大的壓力的話，那我會以幽默的方式（方便他們判讀）給他們一個線索——但我會在此打住；我打算自己背負著我沉重的負擔，把這當成我的十字架。看到一個從最嚴格標準來看的罪人忙著去驚嚇其他人，我通常馬上就不贊同——這就是我在《對哲學片簡之最終非學術的附筆》裡所提到的負擔。

接著，讓我膽顫心驚的是，基督教國家居然如此不堪（一八四八年尤甚）；我看到承擔管理教會及國家責任的人和懦夫一樣躲藏起來，卑鄙劣行無恥地蔓延開來，我也看到這樣的基督教國家是如何回報真正畏懼上帝與無私付出心力（指我身為作家的努力）的人。

這決定了我的命運。如今，這個時代應該要為「成為基督徒」貼上標價，喊出報價；這實在讓人震驚。我應該會——我差點要說是「不幸地」——因此取得優勢。事實上，我這麼說並非自誇。不管是過去還是現在，我都極為樂意祈求上帝，讓我從事這份讓人震驚的事業；除此之外，我還是一凡人，用世俗的話來說，我也樂於幸福地生活在人間。然而，現在放眼看整個歐洲，如果說歐洲應該是基督教的世界、基督教國家，那我打算從丹麥開始著手：報出成為基督徒的價格，包括國家教會，神職人員為官員，照顧其生計等等所有的相關構想。——推翻吧。

我不敢有其他的作法，因為我是懺悔者，上帝能要求我做任何事。我取的筆名，也是基於我是懺悔者。在各個情況下，我都應繼續成為受迫害的對象，因為我一定無法獲得其他人給予的榮耀或尊重。

多年來，我被指控鼓動丹麥這個小國反叛基督教與忘恩負義，忌妒有地位的人，還嘲弄下層的烏合之眾，因為沒有更適當的人選，我或許適合去傳播基督教。就讓敏斯特大主教保有他的天鵝絨禮服及大十字勳章吧。

一八四九年

178

我的人生路線

由於內心飽受可怕的折磨，因此我成為作家。

年復一年我始終是作家，並因為理念而受苦，除此之外，我也承受著內心的苦楚。接著，一八四八年來臨了。這很有幫助。有一陣子，恩惠滿溢，讓我敢於對自己說：我已經了解至高無上的事物了。事實上，在世世代代中，並沒有多少人能了悟這一點。但旋及又發生新的事件，對我造成打擊；畢竟，至高無上的事物並非要人去理解，而是要人去實踐。

沒錯，我從一開始就明白這點；正因如此，我成為有別於一般定義下的作家。並且，我之前不太明白的是，有了個人的收入，且讓我能夠自立，讓我比較容易從存在的觀點去表達我已經理解之事。

之後我明白了一件事，**那就是**我樂於挺身而出成為作家，因為擁有私人收入，讓我行動起來比其他作家更輕鬆。

但同樣的問題再度浮現：至高無上的事物並非要人去理解，而是**要人去實踐**，而且要很清楚這一點，包括當中涉及的所有負擔。

只有在這時我才確實理解，「憐憫」必須在計畫中佔有一席之地；若非如此，人類會在才剛剛要起身行動時就打住了。

但是，但是——納入「憐憫」的目的絕不應是為了阻礙努力，因此，同樣的問題又浮現了：至高無上的事物並非要人去理解，而是要人去實踐。

一八五二年

第五部　基督教

一、任務

179 他們已經改變了基督教，把基督教變得過度偏向於**慰藉**，忘了這是一份對人的**要求**。願災禍降於馬虎草率的傳教士！這樣一來他們就辛苦了，因為他們必須重新傳布基督教。

一八四九年

180 基督教教義與活生生的現實距離多遠，從我身上看最清楚。我很清楚這一點，而我仍不是基督徒。但是，我仍忍不住感覺到，即便我們困在荒謬無理的深淵裡，所有人都還是應該得到救贖。會得到這樣的結論，是因為我從小一直被灌輸完全相反的基督教教義。

我的處境已經夠艱難了。我並不是需要教徒簡潔有力地向我傳教的異教徒；應該說，我必須自己去發現基督教，深入挖掘，讓基督教從深深沉入的墮落境地中浮現出來。

一八五四年

181

我的任務

在基督教一千八百年的歷史中，我無法從誰的身上學習該如何傳播基督教。迄今，所有非比尋常的人，都走向積極傳揚基督教的道路，但我的任務目標是要阻止虛偽的佈道，還有，我認為，我要讓基督教擺脫許多虛有其名的基督徒。

因此，基本上，任何非比尋常的人都不會像我一樣孤獨——遑論理解他們背負的其中一項任務，就是要捍衛與守護他們的孤獨——如果要阻止佈道，顯而易見的是，愈少人傳揚基督教，達成這項任務就愈輕鬆。

嗯，謝謝各位了！當我死去時，就有資料可供大學講師探究了。這些卑鄙的流氓！那又有什麼用，這又有什麼用？這些資料可以印出來，供人一讀再讀，讓講師繼續從我身上獲益，讓他們去講授我這個人，或許加一句像這樣的評論：「其特別之處在於這教不來。」

一八五四年

二、何謂基督教

182

然而，基督的出現現在是、未來也將是一種矛盾。對和祂當代的人來說，這個矛盾在於祂是有限、獨立的人，看起來和其他人一樣，講起話來和其他人一樣，和其他人一樣遵循相同的慣例和習俗，但祂是上帝之子。對後世的人來說，矛盾則不太一樣：他們不曾親眼見過祂，比較容易想像祂是上帝之子，但如今卻有另一層障礙：祂所說的話，和在時間有限下的思維模式一樣。若非如此，對於和祂同時代的人來說就會是嚴重的不義；若是如此，他們那個時代將會是唯一受到矛盾衝擊的時代。至少我認為，和祂同時代的人面對的是最嚴重的矛盾；許多人充滿著渴慕之情，談著和基督身為同一個時代的人如何如何，這並無多大意義，因為實際上他們看到的是一個最痛苦的矛盾。

一八四三年

183

耶穌基督怎麼可能被釘死在十字架上？

從前，有一個人，他的雙親灌輸他要虔心信仰耶穌基督——隨著年紀漸長，他愈來愈不明白。他說：「我的理解是，祂願意為了真理犧牲生命，當祂真的獻出性命時，是為了真理而這麼做。但我不了解的是，祂自己就是愛，祂對於人類的愛並不能阻止人們犯下最嚴重的罪行：那就是殺了祂。」

重點是：基督並不是愛，至少不是人類定義之下的愛。祂是真理，絕對的真理；因此，祂不僅能抵抗人類的行動，還**必須**讓人們因為祂的死而有罪：亦即，把真理揭露到最極致的程度（相反的做法則是懦弱，無法抵抗）。

一八四七年

184

在康德的根本惡（radical evil）理論中只有一個錯誤：他不太能說清楚「不可理解」是一種類別，「矛盾」是一種類別。這事實上正是重點所在。我們現在經常可以聽到一種說法：當人們說自己不了解這個或那個時，就是不夠科學，科學渴望的是理解。這正是錯誤所在；人應該說的話完全相反，那就是：當人**類**的科學拒絕承認無法理解某些事，或者，更精準的說法是，當科學拒絕說清楚有些事是它不了解的，那麼一切就都混亂了。了解有些事無法理解，同時了解有些事可以理解，正是人類的理解能力應發揮的作用。人類的理解能力通常都忙著去理解，努力理解更多事物，但假設在此同時，這股能力也費心理解自我，就可以說清楚這個「矛盾」。這個「矛盾」並非讓步，而是一種類別，是本體論上的定義，呈現存在於當下的理解導向心智與永恆真理之間的關係。

一八四七年

NB·NB

185

基督徒陷入了雙重危機當中。

首先，所有內心的折磨都和成為基督徒有關，因為，事實上，成為基督徒就是要放棄理性並被釘在「矛盾」這個十字架上。我的《對哲學片簡之最終非學術的附筆》重點就在這裡，盡量從理想性的面向來表達這個問題。

那麼，要面對一個必須活在塵世裡，又必須證明自己是基督徒的基督徒，是一種危險。我後期的所有作品重點就在此，將會以我書桌上那些我已經寫好的內容作結，出版時的書名可能會是：《論實現全集》[1]。

等我完成這項工作之後，以下這個問題將會隨著原始力量一同爆發：一個人到底是怎麼了，才會讓自己受制於此？成為基督徒如此艱難，為何人仍必須去做？這個問題的答案，最初可能是：閉嘴！基督教是絕對的，是必須的。但也可能有其他答案：因為人身上的罪惡意識讓他不得安寧，罪惡加諸在人身上的痛苦，讓他可以承受其他的一切，只要他能找到救贖。

這代表罪惡之苦在人類的心中一定非常深刻；所以，罪惡之苦必會原封不動地浮現，基督教明顯地僅僅牽涉於罪惡意識，這讓人**極度**難以承受。所有出於其他理由而成為基督徒的人，本質上都非常愚蠢；本應如此。

一八四八年

186

基督教就在我們四周。因而所有詩人、演說家都描繪不出它的樣貌，因為他們都用了太多的想像力。正因如此（也就是說，出於這個錯誤的理由），人們喜愛且尊敬詩人和演說家。當人從**遠距離**來看，基督教也變得可親可愛。

唯有辯證家能再現基督教，因為辯證家可說是不斷地消除虛幻，深入鑽研，以進入

1 編按：齊克果一度計畫把包括《死病》在內的所有未出版作品集結起來，以這個名稱出版全集，然後從此中斷他的寫作生涯，但後來並未實行。

我們目前的存在。也因此，辯證家極度不受歡迎，因為**貼近**來看時，基督教讓人痛恨且讓人震驚。

一八四八年

187

論恕罪

從心理層面來說，這個問題的走向和一般人想像的大不相同。難題是：成為相信「恕罪」的人所抱持的自發性，或者，根據這番信念而來的另一種自發性，和一般所說的自發性有何關係？

相信恕罪，這是一種矛盾、是一種荒謬，這些都不是我要談的內容，我要談的是別的。

假設有一個人具備極度的信仰勇氣，相信上帝根本已經遺忘了他的罪——在每一代人裡可能找不到十個人具有這股勇氣，這是一種瘋狂的勇氣：在發展出「上帝是理性」的想法之後，又相信上帝會遺忘。

當然，我能這樣假設。然後呢？如今，一切都被遺忘了；獲得寬恕的人就像個嶄新的人。但這是否代表一切船過水無痕，我是說，他是否可能全部重新來過，享有無憂無慮的青春？不可能！

就是在這一點上我得出證據，證明用基督教教義嚴格教養孩子是難以言喻的不智，因為這只是讓孩子的人生充斥著最嚴重的混亂，直到他長到三十出頭才會平息。

一個真正相信他的罪可以獲得寬恕的人，怎麼可能因為年紀太輕就陷入充滿欲望的愛裡？

這也是我自己的人生問題。一個年紀很大的男人用基督教教義嚴厲教養我，而我也因此在人生中陷入嚴重的困惑，並因此陷入無人可以想像的衝突，更別提要找誰談一談。直到現在，我三十五歲了，我可能才學到——藉由劇烈痛苦的打擊以及懺悔的痛苦——死離塵世，或許才能在以「恕罪」為中心的信念上，真的找到我的人生與救贖。但，在現實中，雖然我的靈魂比起過去更為強壯，但我現在已經太老了，無法愛上別的女子了。

人必須經歷過一定的疲弱衰老，才能感受到真正需要基督教。如果一個人太早被迫接受基督教，只會造成瘋狂。在孩子與青年的本質上有一些自然、不可分割的部分，這可說是上帝本來就希望他們如此；孩子和青年本質上屬於「精神」這個類別，不多也不少。基督教則屬於性靈。嚴格依據「性靈」的類別去教養孩子是一種殘忍，等同於殺了孩子，這並非基督教的本意。

正由於人們用基督教教義來教養孩子，導致整個基督教世界裡的基督教都變成空談。這是因為，在基督教裡以最嚴謹的方法教養出來的孩子（這是最糟糕的情況），很少受人喜愛，如同基督教扼殺了他的童年與青春；基督教成了規範，僅僅教給下一代旁枝末節，這絕對不是好事。但是，不管你怎麼看，當一個人還在童年期與青春期，就被他尚未進入的「性靈」類別折磨，因而承受所有苦痛（如同經歷刑求），撐過了這些，使他的童年徹底是一場痛苦，到最後獲得完整的救贖，了解到**現在**自己終於可以善用基督教，如今基督教是為了他而存在，也成為他的全部，終究還是比較好的：**這樣**畢竟好過庸庸碌碌、什麼都不是。

188

很多人認為基督教的戒律（比方說：愛鄰如愛己）是特意訂得這麼嚴格——幾乎就和叫醒全家人的鬧鐘一樣，特意轉快了半小時，以免家裡有人起得太晚。

一八四八年

一八四九年

189

打從一開始，基督教的原則就是、而且必須是非常嚇人，這樣一來，這絕對的「**必須**」才能驅使人們接受它。但這初步原則早已被揚棄，因此基督教採用第二步：變得親切溫和，基於各種不同的理由，現在皆如此推崇；人們必須捍衛基督教，諸如此類。

但這讓我們這一代付出極大代價。被寵壞的孩子，設法連騙帶哄要父母不要太過嚴厲，結果害了自己，我們這一代人也是如此，也害了自己，因為我們設法愚弄或威嚇應該施行統御或施展權威的人，讓他們不敢說：「你要做你該做的事！」

這個世界現今最需要的，是有人帶著權威說出「你要做你該做的事」。光是這樣，便可讓事情動起來，懇求其他人「疾言令色對待我」的人，可能並不厭惡自己所受的鞭笞。

但是「你要做你該做的事」這種態度已經被揚棄。在每一種關係當中，就連主日學講道時也一樣，要迎合這一代的人，就要把**他們**當成好像是最終上訴法院一樣；演說家與雜貨店老闆會推薦自己的理想或商品，可以是基督教，也可以是葡萄乾。然而，哪裡都找不到老師，聚集的人群也無法受教，唉，根本差得遠了；所有群聚都成為大師，個體則必須通過這些大師的測驗。

190

論恕罪

相信自己的罪會獲得寬恕是一種明確的危機，人類可透過這樣的危機進入性靈面；不相信這種事的人則無法轉向性靈。這個信念讓性靈成熟；相信，表示人類必須拋去所有自發性，此時人類不僅無法自行有所行動，而且，做什麼都只會傷害自己。然而，有很多人以很個人化的方式在事實中自行理解，導致他們走向極端。（極端潛藏著荒謬、醜聞、矛盾、恕罪）

多數人從來不曾轉變到心智與性靈的層次；他們從未有這種經歷。他們經歷了從童年、青年、成年到老年的發展，無須為此誇讚他們，這不是他們長成中的必須品，亦即並非他們的價值，那不過是動物或植物的發展過程。而他們從未經歷過任何性靈面的發展。

你看，如果一個人是純粹的善，恕罪並無特別之處（這樣的恕罪是小孩的想法；小孩永遠都會請求他人寬恕：原諒昨天他做的某件事、今天他忘記做的另一件事，諸如此類，凡此種種；孩子從來沒想過，他們的腦子裡從來沒有閃過一絲念頭，認為要求寬恕是邪惡的）；不，針對小事的恕罪和一般性的恕罪不太一樣；後者關乎一個罪人的整體自我，一旦稍有偏差，就會開始腐化。

實際上曾經及正在體驗「罪可獲恕」信念的人，或許可以改頭換面。一切都會被遺忘——孩子在獲得寬恕之後本質上仍未改變，但是，他不一樣了。不，這樣的一個人，他的年紀裡已經加入了永生；從現在開始，他已經轉變到性靈階段，所有的自發性與附帶的自私，他對這個世界及對自己的自私依附，都會消失。以俗世的話來說，這個人如今老了，而且非常老，但從永生的觀點來看，他很年輕。

一八五一年

191

基督徒的虔誠——猶太教徒的虔誠

我必須承認我從未見過嚴格定義下的基督徒。在所謂的基督徒中，我看到的某些典範是猶太教義下的虔誠。

猶太教的虔誠立基在「貼近上帝」之上，你就會事事順利，貼得愈近愈好；而且，不管如何，你永遠都可以依靠上帝。

基督教用迥異的方式表達同一件事：你愈是貼近上帝，愈是和祂有牽扯，對你來說就愈糟糕。這就好像是上帝對人類說：「你最好去『蒂沃利』[2]，和其他人玩得開心一點——無論你做什麼，反正別扯上我就對了，因為用俗世的話來說，這只會為你帶來悲慘。」

還不只這樣：到最後，上帝也放棄了基督徒，想想那經典範例（基督）吧。

從最嚴格的定義來看，身為基督徒的意義是：死離塵世——然後成為犧牲；先是讓利劍刺穿心臟（死離塵世），然後受到人們的憎恨、詛咒，並被上帝拋棄（亦即成為犧牲）。

換言之，基督教是超出人類範疇的。但新約吩咐基督徒要效法基督。

我做不到。到目前為止我只能羞辱這個「典範」，而非效法，並且一再羞辱，因為這太過羞辱人，讓我無法用其他方法來應用這個「典範」。

一八五一年

2 編按：蒂沃利（Tivoli）是一八四三年創立於哥本哈根的遊樂園，是世上第二古老的遊樂園；最古老的遊樂園是同樣位於哥本哈根的巴根遊樂園（Dyrehavsbakken）。

新諺語

192

「我確實相信說謊是一種科學，」惡魔如是說：這個惡魔正在日耳曼地區的基爾大學（Kiel University）講課。

當我昨天和敏斯特大主教講起這句話時，逗得他大樂。我欲言又止，並未說出口，因為敏斯特不會去宣傳這句話，我倒希望他這麼做；——我欲言又止地說：「這就是我一向說的：說謊是科學，真理是矛盾。」

一八五一年

193

基督教與人類之間的真正衝突，在於基督教是**絕對的**，或者說，基督教告訴人們世間存在絕對的事物，基督教要求人類的生命必須體現絕對事物的存在。正是**從這一點來**

看，我才說我從來一個基督徒也不認識：我從沒見過誰的生命體現出**那一點**。一般所稱的基督徒包括了職業上的專業、對正統的主張，以及對異端的攻擊等等，但他們的生命就跟那些異教徒一模一樣，揭露了人類乃存在於相對當中。人類的生命除了相對性之外別無其他。

一八五四年

194 名為「無條件」的黑夜

人對於在夜晚行走有一種天生的恐懼——那麼，為何要納悶他對於「無條件」，以及牽扯上「無條件」時也有著天生的恐懼；以「無條件」來說，確實可以說是「夜晚與黑暗之中不會只黑一半」，因為在「無條件」的黑暗夜晚裡，所有相對的目標（一般性的里程碑與指示牌），所有互相的面向（路燈通常會幫忙照亮前路），就連最溫柔且深刻的感情都消失不見了；若非如此，我們就無法面對絕對的「無條件」了。

一八五四年

195

生命的價值

在人尚未經歷極端的不快樂，或是尚未深刻理解生命中的災禍之前，他無法心有所感地真心說出這句話：人生對我來說並無價值——要等到這個時候，他才能成為基督教的一員。

這時，他的人生才得以擁有最高價值。

一八五四年

三、信仰與懷疑

196

論及基督教的真理時，必須摒棄這個世界過去曾經做過的事，以及相關的論點與證據；唯一的證明就是信念。如果確實有信念（我們知道，信念就是一種要往性靈方向邁進的內在堅定），我的信念對我來說永遠都強過任何理由；事實上，**支持**理由的是信念，而非相反。在這方面，《非此即彼》裡提到的那位美學倡導者某種程度上是對的，他在其中一個篇章（Diapsalmata）[3]就說了：理性比較特別；當我失去熱忱時，我會傲慢地輕視理性，但是當我滿懷熱忱時，理性又會膨脹到極點。他此話的重點，以及他所說的熱誠，就是熱情，是最內在的深刻，而這也正是信念代表的意義。公雞不下蛋——連未受精的蛋都下不出來，至多不會多過「理性」能孕育或生出的信念，不管交配多長的時間都無濟於事。信念的源頭在理性之外的他方。這正是我在其他地方寫下的某些問題，我寫在紙上後又用膠黏在厚紙板上；我想透過問題傳達的是：悲情

3 譯註：Diapsalmata 這個詞有「詩篇」、「篇章」之意，也是《非此即彼》中的一個篇名。

（pathetic）轉型與辯證（dialectic）轉型之間的差異。

這麼說來，一個人不可能既在背地裡保有信念，又把理性外顯於外。不；一個人的信念，或者說，一個人相信的事實，不管是我的還是你的，（個人的）信念都很堅決。人可以用半開玩笑的方式面對理性，比方說：嗯，如果你堅持要理性的話，我不介意給你一點；你想要三個、還是五個、還是七個理由，你想要多少個？但我無法提出比這更高一等的根據：我有信念！我相信！這是正面飽和，就像戀人說，「她是我愛的人」，接著就無須多做解釋了，他會說他愛她更勝於其他人對戀人的愛，但他不會說愛她的理由。

換言之，信念代表著人格，負責領路；理性則落入低階的範疇。這又和現代所說的所有客觀性完全相反。

我的發展，或其他人的發展，都是如此：起初人或許有些理性，但是理性代表著低階的範疇。接著人做了選擇；在上帝面前面對責任重擔之時，在上帝的協助之下，他心中會生出信念。如此一來他就到了正面範疇。今後他不會以理性來捍衛或證明信念；說起來，這樣做是一種衝突，因為理性屬於比較低階的範疇。不行這麼做，因為這個問題變成更個人性的，或者說，這變成一個人格問題，亦即，人僅能從道德上、個人面上來捍衛信念。這是一個人願意為了信念所做的犧牲，以及能了保有信念而懷抱的無畏無懼。

只有一個證據可證明基督教的真理：那是內心的證據，argumentum spiritus sancti（聖靈的證言〔拉丁文〕）。

《約翰書信》（*Epistles of St. John*）中的約翰一書第五章第九節便暗示了這一點：「我們既然接受人的見證，」（指所有過往的證據與考量）「神的見證就更應該接受了」，這意指內心的見證更偉大。在約翰一書的第五章第十節裡也說到：「信神兒子的，就有這見證在他心裡。」

人願意相信神的兒子並非出於理性動機，恰恰相反，是因為相信了神的兒子，才得到了證據。這是「無限」的運作方式，此外別無他法。理性無法激發信念；信念激發理性。這一切超越理性的習作研究，後者是初步的；一旦當信念出現，一切轉型或關係扭轉時，習作研究就會消失。若非如此，信念當中便無可安心寄託之處；因為這樣一來，懷抱信念代表的是不斷用理性去證明。寄託，信念、信仰裡的絕對安心託付，唯一的意義便是信念本身即為證據，是「見證」，信念即為動機。

197

1. 從基督教觀點來看，教條系統是奢侈品；當情況順利時，當人們可以保證至少有一半的人都是基督徒時，或許就適合這類奢侈品——但是，這是什麼時候呢？而且，當風雨飄搖時，系統就會被鄙視成惡魔；在這些時候，和神學有關的一切必然均帶有教化性質。系統間接包含了錯誤的前提：假定一切都很好，而且我們所有人都是真正的基督徒，因為這才是樹立系統的好時機。

2. 教義系統不應建築在「理解信念」的基礎之上，而應該建於「理解一個人不可能理解信念」的基礎上。重點是，在基督教的觀念裡，「神職人員」和「教授」說的一定是同一件事，但是，必須把「教授」這一級養成為第二股力量。若有些叛逆的人拒絕心滿意足地成為「神職人員」，他們就必須在「教授」的書桌前更賣力提供服務。以基督教的觀點來看，這兩者都是紀律，而接受更嚴厲的紀律則可進入更高的層次。人若逃離、不願成為「神職人員」，不但無法因此拿到門票鑽進投機背德的世界，反而必須接受更嚴格的紀律訓練。

一八四九年

198

和人們爭論何謂基督教是一個錯誤，因為除了極少數的例外之外，人們的辯論戰術瞄準的都是避免去理解或學習何謂基督教，因為他們認為這很簡單就能理解，同時也因為這會干擾他們的人生。

一八五〇年

原始的——傳統的

199

在我們這個時代，打著博學旗號的懷疑益發大張旗鼓地現身，一下刪掉聖經的這個部分，一下刪掉那個部分。正統絕望不已。真是太奇怪了！一般假設新約是上帝的話語——但人們似乎完全忘了上帝必定仍存在，至少，人應該這麼想。重點是：從歷史的觀點來看，人們不信仰，他們是在模仿。

假若這些懷疑突發奇想，拿出一些可能成立的證據，指出保羅書信並非使徒保羅所寫，或者說根本從來沒有保羅這個人，那會怎麼樣？嗯，學術上的正統必會絕望萬分。至於信徒會怎麼做？很**簡單**，他們會在祈禱時向上帝禱告並說：「一個人怎麼能承受這一切？我完全無法對付這樣的博學，但我謹守聖保羅的教訓——喔，上帝，祢不要讓我活在錯誤的虛幻裡，不管批評者如何證明保羅的存在。我接受我所讀到的聖保羅，並對祢訴說，喔，上帝，你要保護我，保證我所讀的內容不會領我走向錯誤。」

我實際上或許也受過誘惑，認為（基督教的）統治管理應容許學術上的註釋性與批評性懷疑論大量上達天聽，因為統御裡已經有了太多的虛偽、歷史的捉弄以及過往事件，而且也希望能強力讓人們回歸原性（primitivity）。原性——必須是原始的，並和上帝同在，那些會模仿的人、會提到這些懷疑用以闡述說明的人，均無法超越——是人們最不願意接受的。每過一百年，就有幾百萬人繼續成為「過往歷史」，人在性靈方面也愈來愈枯槁。然後上帝出手，不讓批評隨著時間的巨輪轉動得到更多的力量。性靈的枯槁，和「過往」想辦法尋求庇護以及替過去的千百萬人找尋藉口密切相關。

一八五一年

200

聖史蒂芬日[4]

聖誕慶典始於天使，也終於天使。昨日天使宣告救星降世——今日聖史蒂芬便見證了此事——「他們看見他的臉就如一位天使。」（旁註：「但是，」有些人會說，「天

4 譯註：聖史蒂芬日（St. Stephen's Day），西方基督徒多選在聖誕節隔天，即十二月二十六日。

使！沒人見過天使：這完全是用來騙小孩。」回答：「無聊，廢話，閉嘴——只要你能看到，你就變成像**聖史蒂芬**一樣，你的臉也會如天使一般；這樣一來，我們其他人也將能見到天使！」）

一八五一年

201

神聖——凡人

你或許會說：「畢竟，是上帝自己創造了這個世界，賜予所有的美好與歡愉，因此當祂讓基督教進入這個世界，把一切變成罪並要求人必須為了這個世界而死時，祂就和自己產生了衝突。」

從某方面來說，我沒什麼可回答的，因為我不在意這類問題。如果所有事物的創造過程都和基督教的教誨一樣，那麼，我不會去管這類的缺點。

至於其他部分，認同聖經某些部分是上帝的話語，認同基督教是神的教誨，當面對某些和你的智慧或情感不協調的事物時，就說是上帝的自我衝突，但這並非上帝的自我衝突，實際上是人類的自我衝突；因為一定是因為人類完全抗拒了神聖的教誨，不然就是囫圇吞棗接受其表面的樣貌。

一八五一年

202

沒有「威嚇」的基督教是神話、詩歌

我們這個時代的自由思想家攻擊基督教，並稱它為神話、詩歌。

然後，基督教的捍衛者、官方的倡導者現身了（人們或許可以用火災時的情況來做比喻，語帶譏諷地稱他們叫救火隊；），他們抗議、詛咒並信誓旦旦地表示：這種說法太可怕了；對他們來說，基督教什麼都是，唯獨不是神話、詩歌。

可是啊，他們的澄清看來全無「威嚇性」（就連他們在佈道時，對於基督教威嚇的這一面幾乎都略過不提），大家會說，儘管這些人表達抗議，但他們的人生實際展現的面貌完全遵循基督的召喚背道而馳，因此對他們來說基督教其實**就是**神話、詩歌。

抗議中有件事極為奇特，那就在某些情況下這些說法會被間接否定。如果一個人拿著斧頭胡亂揮舞，但又鄭重向我保證他是家具工人，我會很有信心地反駁：不，如果一個人這樣拿斧頭，就不可能是家具工人，就算他急切地做出相反的保證也無濟於事。

一八五一年

203

原性

每個人都帶著一顆原性的種子而生（原性指的是一種〔發展出〕性靈的可能性）。創造人類的神最清楚這件事了。

所有瀆神的、暫時的、世俗的智性，都和摧毀人的原性有關。基督教則和發展人的原性有關。

摧毀原性，你或許能在這個世界如魚得水，或許能有偉大成就——但永生將會排拒你。遵循著原性，你或許會被世俗毀滅，但會被永生接納。

一八五四年

204

基督教所說的原性，當然不是一般人極力誇耀的天資聰穎、成為天才這一類的事。不是；原性、性靈，代表要以你的人生作為賭注，並要先、先、先求神的國度[5]。基本上，一個人愈能接受這一點，並且據以為行動準則，他就具有愈多原性。

一八五四年

5 編按：出自《馬太福音》第六章第三十三節「你們要先求祂的國和祂的義，……，我們要為神的國度付出並獻上一切」。

想和其他人一樣

205

對於這些其他人來說，（想和其他人一樣）或許是一種忠誠，當然，這個世界也因此大力推廣並大加讚頌這件事——但毋須多言的是，相反的狀況才是真的，因為，從性靈層面上來說，每個一般人都是惡棍流氓，競相比賽誰更下流惡劣，因此，人的語言始終是惡棍的語言，虛偽地顛倒一切。

確實，想要和其他人一樣，就等於是用懦弱、懶惰的不誠實去面對其他人。

也因此，懲罰會降臨到這場比賽上：生活在賽局裡的幾百萬人彼此間都非常清楚，一切都不可靠，因為每個人永遠都跟另一個人一模一樣。因此，當人生遭遇一點困難時，就會看到他們的恐懼和茫然和猜疑。

反之，原性意指以誠實和公平對待他人。任何堅持依據原性過生活的人，都擁有可靠的生存知識，在人生的海洋上有資格被譽為能幹的水手，有能力做出保證。如果臉羞紅的年輕人（喔，蘇格拉底）[6]去找這樣的人求教，他不太會空談廢話，也不會給這個年輕人虛偽不實的信靠：他不會表現得和其他人一樣。

在目前整個基督教世界裡，有一種可靠獲得最高的評價，其他都無法與之比擬，那就是：要像其他人一樣。當然，大家不會明講；一個人用最高級的措辭說話，似乎他最可靠——但大災難一出現，一切都變了：他就和其他人一樣。

一八五四年

6 編按：指柏拉圖對話錄《呂西斯篇》（*Lysis*）中的同名男主角，《呂西斯篇》為討論友誼的著名語錄。

第六部　基督徒

一、路德與新教

206

好奇怪！《非此即彼》結尾（結論為：唯有能教化你的事實，你才覺得是事實）的「給你」（主觀性、內在）部分，完全像是路德的手筆。實際上，我從未真正讀過路德寫的東西。但現在我打開他的〈講章書〉（Book of Homilies），馬上開始讀降臨節第一個主日[1]的訓誡，我找到他在某處寫著：「給你」；這就是重點。

一八四七年

207

我在路德的文集中讀到日期和今天相同的講道文。這篇福音講的是十個痲瘋病人。確實，對我們所有人來說，路德是大師。

一八四八年四月二十二日星期六

208

當人們聽到與讀到，我們這個時代的神職人員大多會對自己說：「啊，我懂你這個人了；我知道我必須做什麼了；我必須做的就是稍微放鬆一下，因為我已經太完美了。」真是莫大安慰。讀路德所寫的書，也是莫大安慰！想必，這個人時時能跟上其他人，可以從遠方的小路上對他人佈道，而不用把人叫回來。

一八四八年

1 譯註：降臨節的第一個主日（First Sunday of Advent）為基督教教會曆年的第一天，約在十一月底。

209

喔，路德

路德，歸根究柢，你的責任真是重大，我愈是深入研究，就益發看清楚：當你推翻教宗時，你是轉而把「公眾」推上了這個寶座。

你改變了新約的「殉道」概念，教導人們用數字來衡量勝利。

一八五四年

210

避靜

我們現今把避靜看得很特別。

問題要回溯至路德脫離的修道院——我相信，事實很可能是如此。但，這並不是說如今教宗將可凱旋得勝，而且，必須將問題帶回那個修道院的人，也不是教廷的憲兵團。

修道院的錯誤不在於苦行和禁欲；不，問題在於他們得以用散漫的態度看待基督教，容許避靜的人被視為**超凡入聖**的基督徒——並且把世俗的廢話當成超凡入聖的基督教。

不，苦行和相關的一切只是開始，是能見證真理的初步條件。

所以，路德的改弦易轍是錯的；（改革）的重點不在於要放鬆基督教的要求，反而是要拉緊。

也因此，我一向納悶上帝是否真的和路德教派信徒站在同一邊；因為，要辨識出上帝賜予的進步，除了要透過提高要求，還要透過把志業變得更艱困才能辦到。另一方面，要辨識人類的進步，則永遠都是透過把問題變得更簡單；這才是世人所謂的進步。

所以說，中世紀的錯誤並不在於修道院和苦行；錯的是把僧侶標榜成非凡的基督徒，同時把**俗世**推上優越的地位。

不，一開始要先成為苦行者（意味要鍛練），然後要見證真理（即要成為基督徒）——這樣就好了；晚安，你們這幾百萬、幾億萬、幾兆萬的人們。

路德本應轉向這個方向，或者，他本應說清楚，經過他選擇的轉向之後，基督教的主張又進一步萎縮，這是因為，人類的悲慘痛苦四處可見，並更為嚴重且難以控制。

一八五四年

211

當我想到路德，我通常想到的是他很不正規：他是個時時想掙脫枷鎖的改革家：這是個危險前提。基於這個理由，他馬上被**政治**利用，他自己向政治折腰，他也畫出了一個邊界區，這是他整個立場的特色：不要攻擊「群眾」，但瞄準某些個人，一些高位階的個人。

正因如此，這場掙扎奮鬥對於路德來說變得太容易。奮鬥的辛苦之處便在於必須受苦，因為人一定會把問題變得對他人來說更加困難。當一個人奮力掙脫負擔時，很多同樣想要掙脫負擔的人當然馬上就能理解他。因此，真正的基督教印記：雙重危險，在這裡也就看不到了。

從某種意義上來說，路德面對這個問題的方法太過輕鬆。他本來應該講清楚他所奮力爭取的自由（以及他投入這場奮鬥是正確之事），將會使得俗世人生、性靈生活極其艱苦，比過去有過之而無不及。

如果他曾嚴正主張**那一點**，一定不會贏得任何支持者，他也就會面對雙重危險；因為，人們之所以會去支持他人，絕對不是出於對方會把他的生活弄得更艱苦。

而且路德也轉變得太快了。那個時代沸沸揚揚地（而且是在政治上沸沸揚揚）借用了他的志業，把這變成黨派之爭[2]；路德希望推翻教宗——好勇敢，嗯，謝謝你——而這也純粹只是政治考量！

對我來說，很重要的是要從辯證上來釐清這一點；在其他方面，我非常尊敬路德——就像蘇格拉底一樣！不，不，路德還沒到這種地步。談到人類時，我會說：「喔，所有人當中最偉大的是老蘇格拉底，他是知識分子的英雄兼殉道者。只有你蘇格

2 編按：此處指路德雖主張人人皆擁有「基督徒的自由」，但在一五二四年至二五年間，日耳曼地區的農民將基督徒的自由解釋成免除地租，起而抗爭時，卻沒有得到路德的支持，甚至還遭到路德的猛烈抨擊，後以失敗告終。

拉底知道何謂改革者，而且在這樣的存在中理解你自己；你是唯一。」

年分不明

二、基督教世界

212

距離

有一個人成為上帝揀選的工具，但他倒下了。在難以想像的內心折磨當中，在遠遠、遠遠超乎理性的熱情中，再加上他自己的理性在面對誘惑與粗暴懷疑時，通常會受到大大的折磨，他仍堅持著，對抗理性，他在熱情中堅持要繼續走出一條路（然而，在理性的判斷之下，他已經清楚地看出在這條路上他要失去什麼）；就算和他同時代的人認為他是個瘋子或受惡魔控制的人，他仍堅持下去；但是，受人憎恨，被人詛咒，遭人迫害，他終於倒下了，為了殉道而死。他死時奇怪的事發生了：彷彿變魔術一般，如今所有人都對這個受折磨的人鞠躬，向他致敬；到頭來，他（沒錯，正是他）是對的。

現在我們把距離放進來談。

在他之後的下一代停了下來，讚嘆，因為過去發生的事不同於理性而且超越理性，其強力鮮明的影像仍震撼人心；對下一代來說，這就好比是把石頭丟進池子裡：水面不會馬上平息，持續震動好一會兒，但愈來愈細微。

再下一代還是會生出崇敬之情，但也會聽到一些耳語：畢竟，這事是如此難以說明、難以理解；如果一個人真的仔細思考過，就不太可能無法理解上帝光榮的存在。說這話不是在貶低他，絕非如此；反之，用意是要榮耀他。

這是什麼意思？這表示，如今人們對於這件事的熱情張力已有距離，他們可以開始冷靜地訴諸理性。

再來，理性就佔了上風，最後登場的則是「教授」。「教授」可以進行多方的證明、闡述與理解。他們用科學性的方法剖析這位光榮的逝者與他的一生，一段一段整理好。研究生考試時要回答以下這個問題：可以在什麼樣的基礎下理解這位聖人的人生。當他們能回答這個問題時，就會受到指派或「接受召喚」，去過著愉悅的小日子，帶來進步的前景；在這番前景當中，他們會對群眾闡述上述的基調與理性。

一旦（或者，至少過去是這樣）政府首長在前廳現身，和國王同一陣線的群眾就完了；一旦「教授」們到來，就證明這位聖人的人生已經被利用殆盡了，需要新的犧牲者。同樣的，「教授」們會諂媚奉承自己、他們各自教出來的大學生與研究生，以及這些學生未來的妻子，聲稱身為「教授」的他們是演化過程中最精緻且最豐茂的花朵。

不，先生，那是誤解。「教授」是人類最荒謬可笑的愚笨，因為他們代表的是人類想要詳盡論述的驕傲企圖，用思考去面對層次遠高於思考的事物。對這些「教授」來說，讓人失望的是他們的時代距離太遠，無法和這位聖人同一個時代，那個時代的人們感受到的澎湃情緒已經冷卻，讓之後一代激動的一池春水現在也已完全平息。這實在讓人失望；而，人們說，如果一個人真正深入這件事，好好思考與反省，有可能理解聖人與他的人生——「教授」們就是在這個時候出現——而這也代表了：現在先道別吧——一切都結束了，靜候下一次的通知。

即便在個人領域裡，也有相同的類比。假設有一個很糊塗的人，在某期間他糊塗到了極點，根本沒想過他應該能理解身邊的情境；但是，居然有個女孩肯愛他——喔，真是可愛的謙卑——真是讓人完全無法理解。之後，他擁有了這個女孩。幾年過去了——然後或許在某個時候，他已經不再因為熱情而顫抖；不了，熱情已經消退，他也變得極有智慧，這也就是說：他變得極為愚蠢。要判斷他是否已經到達這個境地，要看他是否開始思考這個理由、那個理由，藉此讓他完全解釋過去的糊塗。這是個人領域常有的事：一度墜入愛河的丈夫或妻子，十年後變成教授或女講師來分析自己過去的糊塗。一如往常，看到這些人樂見自己成為最高級演化中最美麗的花朵，我們也可以藉此找出這些專攻愛情的教授和講師；他們同樣認為，如今他們現在已經達到了最高境界。

一八五二年

213

兩條路徑

一邊是去受苦；另一邊是從別人的苦難中畢業，然後成為「教授」。

前者是「那條路」，後者則是「繞過去」（也因此「繞過」這個詞可以當作名言錦句，用在講課和傳教上），而「繞過去」的終點很可能是墮落與結束。

一八五二年

新教

214

新教完全站不住腳。它是一場革命，引發的源頭是宣稱「使徒」（保羅）占了主人（基督）的便宜。

新教是在特定環境特定時間下的一種矯正之道，或許有其重要性。

除此之外，倘若要維繫新教於不墜，本應採行以下的作法：我們要承認，這樣的教會代表的是人類准許自己放鬆基督教，但我們必須問問上帝是否接受。

然而，新教卻大吹大擂說他們代表的是基督教的進步！並不是；（新教）可能是（基督教）有史以來為了數字所做出的最大讓步。數字是基督教的宿敵；這些數字代表的人們假裝是基督徒，但希望消除或減少理想性，並憑著眾多的人數而目空一切。

一八五四年

新約

215

「十六個夏天」[3]大的年輕女孩；——這天是她的堅信禮日（confirmation day）。在眾多雅致與美好的禮物當中，其中一份是裝訂精美的新約聖經。

如今，這就是人們所稱的基督教！說真的，沒有人期待——這或許也是對的——她會比其他人下更多功夫，去讀一讀這本經書，或者，至少不會以簡略的方法瀏覽。送給她這本書，是要她當成可能的生命慰藉；如果需要，在這本書裡可以找到慰藉；當然，人們假設她和其他年輕女孩沒什麼不同，也絕不會讀它。但，萬一她讀了，事情就不再「簡單」了，或者說，她會從這本經書中找到許多可怕的事物（相較之下，世界上發生的其他可怕之事，都不過是個笑話）。

但這才應該是基督教。當然，傳播新約的聖經學會表現出來難以勝數的愚蠢，也叫基督教。

不，我想針對基督教提出另一個提案：讓我們回收每一本新約，讓我們把所有收集來的經書運到一個空曠的地方，或堆到山頂，然後，讓我們所有人跪下來，由某個人對上帝說：「請回收這本書；我們人類，我們的生活，不應該和這本書有牽連；這本書徒然讓我們不快樂而已。現在，我建議，就像昔日的市民一樣，我們請基督走另一條路。」這段話會以誠懇且符合人性的方式來說——而不是讓人作嘔、虛偽的牧師廢話，大談人類的生命若少了基督教彌足珍貴的恩惠將毫無價值。

一八五四年

216

被馴養的鵝——一個教會復興運動者的反思

想像一下如果鵝會說話的話，那會是什麼景況——牠們一定會安排好相關事務，讓牠們也有自己的禮拜，並敬拜上帝。

3 編按：此說出自齊克果的《生命途中的階段》，其中提到：「何為最幸福的人生？十六個夏天大的年輕女孩的人生，……，十六個夏天大和十六個冬天大的人年紀是否相同？唉！不相同……。」

牠們每個星期天都會聚在一起，傾聽某隻雄鵝佈道。

雄鵝會詳論鵝的最終命運，造物主賦予牠們的最終目標——每次提到造物主時，所有母鵝都要行屈膝禮，公鵝則要低頭鞠躬。牠們的翅膀會帶著牠們到遙遠之地，充滿賜福之地，那是牠們真正的歸屬地；在地球上的牠們，就像是在異國的陌生人一樣。

每個星期天都是如此。禮拜結束時，群眾會起身，眾鵝搖搖擺擺回家。下個星期日牠們又來做禮拜——然後回家——就是這樣了。牠們會長大長胖，豐滿肥美，最後牠們會在聖馬丁夜[4]成為盤中飧——就是這樣了。

對，就是這樣了。這些鵝星期天傾聽扣人心弦的講道，星期一有很多感觸要對彼此說，其中之一，就是某一隻鵝的遭遇，這隻鵝盡力利用造物者賜給牠的翅膀，義無反顧去達成在牠之前就已經訂下的最終目標；是的，發生在這隻鵝身上的事好可怕，牠承受了好大的恐懼。這一群鵝中的每一隻，都很清楚這件事。但，當然，他們沒有必要在星期天談起這件事，因為，就像牠們說的，一旦談起，牠們的敬拜顯然是在嘲弄上帝與自己。

鵝群中也有幾隻開始變瘦，體重減輕。對於牠們，其他的鵝說：「嗯，現在我們就能確定，熱切地渴望飛行會導致什麼結果了。因為牠們心裡一直懷抱著想要飛行的念頭，因此牠們的體重減輕了，牠們長不大，也不像我們一樣得以享受上帝的恩慈，這正是我們能長成豐滿肥美讓人垂涎的原因——上帝的恩慈讓一隻鵝變成豐滿肥美讓人垂涎。

下一個星期天牠們又去教堂，老公鵝會繼續傳道，說到造物主（此時，母鵝必須行屈膝禮，公鵝必須鞠躬）為牠們訂下的最終目標，正因為有這個目標，牠們才得以獲得翅膀。

因此，在基督教對上帝的敬拜也是一樣。人也有翅膀；人有想像力。想像力幫助人們能真正高飛——但我們真正能做的就是玩樂，我們讓想像力娛樂我們一個小時，就在星期天的禮拜之時，至於其他時候，我們就維持原狀；然後，到了星期一，我們認為上帝的恩慈是要我們長成豐滿肥美讓人垂涎，再多裹上一層黃澄澄的脂肪，存錢，在世上掙得名聲，生很多孩子並且有所成就——不可能有其他，根據新約的說法也沒有其他——受苦與憂慮，麻煩，折磨與苦痛——對於這些，我們說：「唉，顯然他們無法享

4 譯註：聖馬丁日（St. Martin's Day）為每年的十一月十一日，聖馬丁夜（St. Martin's Eve）即為前天（十一月十日）晚上，通常會吃烤全鵝慶祝。

有上帝的恩慈。」

然後，當有人讀到這些時，他會說：「真好，非常好。」就是這樣了——他搖搖擺擺地走回家，用盡一切努力長成豐滿肥美讓人垂涎——但星期天牧師講道時他會自細聆聽——就像群鵝一般。

一八五四年

217

路德——改革

路德和「使徒」完全相反。

「使徒」以上帝的利益來闡述基督教；他帶著的，是上帝賜予的，以及從他的服事中得到的權威。

路德以人類的利益闡述基督教，事實上是人類這一方的反動，反動的對象瞄準了代表上帝利益的另一方：基督教。所以路德的準則才會是：「我無法有其他行動」，這絕非使徒會奉行的準則。

請看看把路德視為使徒造成了多麼嚴重的混淆。

整體來說，基督教一向缺乏的是為其診斷病痛的診斷者，再來要找的才是辨證者。

一八五五年

三、神職人員

218

我很清楚，說到神職人員的正式禮服，有些高級主教會用絨面呢，有些人則用絲綢、天鵝絨、邦巴津織品等等，但我納悶的是，這些人有穿對禮服嗎？在從事善業的路途上遭人嘲弄，被咒罵、被人吐口水，某種程度上代表了神職人員的位階。聽好了，基督當然並非死於自殺，因此，明顯的結論是，當人把基督釘在十字架上時，就揭露了這個世界的罪惡。我很懷疑，在此同時，這個世界是否真的也變得比較好。然而，穿著精細俗麗服飾的人對著一群頻頻打呵欠的人佈道，傳講基督的事蹟！讓人作嘔！

一八四七年

219

我應該說，敏斯特[5]真的很難懂。在某一段中，他談到現今世界的可怕混淆，會讓人認為基督教已經完蛋了。但在下一段，他會說我們擁有美好的基督節慶，提醒世人我們應該為了這個那個感謝基督，比方說現在聖靈降臨[6]的慶祝活動。而他還會繼續論述這一點。說完他就回家了。此外，他管理辦公室就和執法人員沒有兩樣。

時代造成的困惑是人類生命的驗證，這就是其作用，而敏斯特就像是一艘沒有指南針的船。他的偉大之處，在於他個人對藝術的品味有歌德的影子，這讓他得以高尚地待人處事。但實際上他的生活並未傳達出任何意義。

他一直喜歡「神聖之地的安靜時刻」，這是有原因的。（1）因為他在傳道時把宗教當成增添生活滋味的調味料，而不是當成人生的**絕對**需求；（2）因為他希望先安全地躲在有千人護衛的圍籬之內，然後才開口佈道；簡單來說，他講道的內容必是傑作，他去佈道則是一大成就。（3）因為他希望讓自己的生活安穩，對於各種事物保持安全

5 編按：指敏斯特主教。

6 編按：聖靈降臨日（Whitsunday）指復活節後的第七個週日，歐洲的基督徒會持續慶祝接下來的一週。

距離。

對敏斯特來說，他不太可能、實際上是根本完全不可能在市場裡傳道。但是，在教堂裡傳道，很容易變成異教徒及劇場表演；路德大力鼓吹不應在教會傳教，大體上是對的。

在異教徒的時代，劇場作為敬拜之用。

在基督教的時代，教堂變成常態性的劇場。這又怎麼樣？就變成這樣：人們發現這很舒服，確實讓人很享受，而且一個星期一次就好，就像這樣，在想像中和至高無上的神聯繫。不多也不少。在丹麥，這確實已經成為傳道和神聖敬拜的慣例。藝術上的細緻，同樣也已成為慣例——即便在最拙劣的講道中都可見。

一八四八年

這是敏斯特的傳道內容：這一篇是關於約瑟的繼父。

220

這是欺騙，不是嗎？居然用這樣的格調來談：「當我無法阻擋時發生在我身上的事，當我無法走上另一條路時受到的導引，是上帝的意志。」嗯，還真感謝你！這意味著要避開每一種困難；困難，就難在人必須**選擇**，他必須做出自己的決定。他說話的這種態度看來輕鬆又「geschwindt」（快速〔德語〕），就算從最高級的層次來看，好像還蠻言之有理的，但是只有非常、非常少的人能接受，而且這聽起來很像路德說的話：「我無法採取其他行動，上帝助我，阿們！」隨即顯而易見的是，說這話的人無疑很清楚所謂「做選擇」是什麼意思。

說到底，就是這麼一回事：某種程度上，敏斯特總能半真半假地胡亂應付過去；他可能從未有過出色的行動（以卓越的定義來看），不然的話，他就不可能說出他說的這些話。

一八四八年

221

從基督教觀點來看，敏斯特主教的價值在於他可敬的人格、他的文化及他的優越性，這些都出自高等、最高等的圈子；他創造了風尚，或者，更正式的說法是他建立起為人接受的慣例，把基督教變成真正有深度且莊重的人（真是諂媚啊！）、有教養的人（真是非常好聽啊！）不可或缺的一部分。

然而，從永恆與真實的基督教意義來看，這樣的價值某種程度上是有問題的。基督教的層次本來就很高了，根本不需要這樣的支持贊助。

他的熱誠也有一點「混合」的意味（一種常見的調合菸草）——聖人們的想法讓他備受感動、深為悸動——但是，啊，當說到基督教的基礎時，他又是如此脆弱且膚淺，他也得自己承受遭受鄙視（不管多麼輕微）的打擊。

但我愛敏斯特主教，我唯一的希望，是盡我所能讓他聲名更為遠播，我一向敬慕他，而且，用世俗的說法來說，我到現在仍是如此；每一次當我可以做點什麼事有利於他時，我就會想到我的父親，我相信我父親一定也會很高興。

222

可能會有人認為，從整體概念上來說神職人員就是講師，這本身就詛咒了基督教的消亡。這甚至遭到更深沉的混淆所掩蓋：人們忙著發展一種想法，認為神職人員必須要單純，能簡單地表達自我，不要使用複雜的詞彙。啐！其一，**那**要取決於機會條件。不；重點是神職人員並非演說家，而是一個根據他所傳揚的誡律過生活的人。

現今一般人接受的想法是，神職人員實際上是要讓群眾道德頹喪。他們就坐在那裡，在一座舒適的教堂裡，在光彩華麗之間（其實就像在劇場裡）——然後有個人走上前來，他是位藝術家（我們別自欺了吧：雖然他抗議，說他是一個很簡單的人，但實際上代表著他在簡約單純這門藝術上登峰造極；真正的簡約代表一個人要落實他所傳的道）。有這麼一個人走上前來，「身穿細軟衣服」[7]，擁有人生中一切美好的事物——這個人談起至高無上的神，談到願意犧牲一切。喔，這有多麼可笑，他此時展現的誠懇，和他要放棄微不足道的小事之時又是多麼的不同。喔，這真是可怕的誘惑，也太過世故了：此人為了擁有

7 編按：出自《馬太福音》第十一章第八節「你們出去到底是要看什麼？要看穿細軟衣服的人嗎？那穿細軟衣服的人是在王宮裡。」。

一切，於是加入這場（基督教的）排場中充場面，成為藝術家。

你可以理解，這真是人們不認同（基督教）的原因。以保羅為例：當他被綑綁時，群眾裡有多少人看到他身上高貴的性靈？多數人，壓倒性的多數人，只看到一個狂熱分子，他們對他最多就是有點同情。但在斯德哥爾摩的宮殿教堂（Palace Church）裡，處處充滿著安全與和平，一切宏偉又壯觀，身為出色人物的敏斯特主教，往後退到佈道講壇，站得直挺挺的，描述（保羅遭綑綁的）這個場面，其出色得宛如一位藝術家，也讓我們了解到——到了這個時候，我們大概都錯把了敏斯特主教當成使徒保羅了——這位使徒。喔，那是嚴重的道德頹喪。但我很喜歡敏斯特主教，其中的緣由，不僅因為和我父親相關的回憶緊緊牽絆著我。不；敏斯特以非常熟練的方式表現了純粹的人性，這是我從沒見過的。另一方面，我應想成他和基督教的本質差異甚遠；如果他要（對基督教的本質）下一個定義，他可能必須回答：那是魔性。

223

在壯麗的宮殿教堂有一位國家教會的牧師，宣稱他喜愛有教養的大眾，他向一群出眾、有教養的菁英人士圈展現自己，並借用使徒所說的話，發表一篇動人的講道：「上帝揀選卑賤的與被厭惡的。」沒有人笑。

一八四九年

224

馬登遜[8]的教義

正當我們周遭的存在都是支離破碎之時，正當有眼睛能看的人必會發現這完全是一場騙局之時——現在的基督徒達千百萬人，相對之下，基督教卻逐漸被淘汰——馬登遜

8 編按：馬登遜（Hans Lassen Martensen, 1808-1884），丹麥神學家，一八四九年其重要著作《基督教教義》（*Den christelige Dogmatik*）出版，將所有基督教概念加以分類，連各個天使的順序都排了出來。

在擘劃一套教義系統。那麼，說他現在忙著做這些事，這是什麼意思？這表示，就基督教信仰而言，因為在丹麥這個國家一切都是井井有條——在這裡我們全是基督徒，沒有任何危險和威脅，我們也有機會沉浸在科學研究之中，因此，現在一切都就緒了，重要的事就是要決定教條系統中和天使相關的教義要分類在哪一個類別之下，諸如此類的。

一八四九年

225

基督教以「落實」來管照一切；化作務實的現實，是唯一和基督教搭上線的媒介。除了落實之外，不應以其他方式理解和掌握基督教；除了教化或喚醒世人之外，其他皆不應傳揚。我們必須不斷假設有些人並未接受基督教，或者被拋下了：那麼，就必須為了他們努力。但基督教不應在和平寧靜的媒介中傳播（除非這麼做的人敢主張，現在人人都是基督徒了）。正因如此，忙於藝術、詩作、哲學、科學與講課，從基督教的觀點來看都構成了罪——我怎敢放縱自己在和平安寧之地悠閒從事這些事？

馬登遜，此人曾自作主張找出近似的詞語與定義，現在也談著基督教必須在現實生活中落實的概念——他在這方面極為獨斷——必須成為真正、真實的生活，沒錯，就是在我們之間的真實生活；我們和基督教的關係必不可藉由想像。好。但，馬登遜自己的人生，又傳達出什麼呢？傳達出他希望能在這個世上有所成就，贏得榮譽與名稱，高級的辦公室等等——那是在落實基督教嗎？

身為哲學家，馬登遜很獨斷，完全不顧辯證；身為基督徒，他同樣也很獨斷。充滿語言修辭的類別——非常適合用來讓人著迷。

至於我，我比較像是詩人，但僅限於我有勇氣敢於讓自已面對嘲弄，並承受得起的範圍內。擁有個人收入替我帶來好處。我不認為我可以做更多。我正在退縮，但在上帝的協助之下，我應能對那些更有作為的人抱持熱情的看法。

一八四九年

他是神學家，但到目前為止沒有營生。有好幾年，他非常努力工作，獲得可觀的名聲，必可保證未來每個人都會急忙趕來教堂聽他佈道，特別是那些比較高階層的人。

他宣布他要開始傳教，並選在首都裡最精緻、最壯麗的教堂。

所有人都在教堂裡，包括國王與王后。

他走向講道壇，開始祈禱；他讀他的文本，說到基督如何把放貸者趕出教堂。

之後他馬上說：

現在就讓我把話說出來，這些是我在這個世界上必須說的話，為此我已經花了一輩子做準備，現在就讓我把話說出來：在這樣的環境下傳揚基督教，本身就不符合基督教；成為這樣的基督徒，也不符合基督教。我們只能透過在過日子當中實踐，才能傳揚基督教。因此我把這間房舍變成真實的生活。現在，各位的權力可以主宰我這個人，我，只是一個人，但現在我將要把話說出來，這也將會是現實。我將要說的是，基督教僅能藉由實踐傳揚。

他攻擊這座被美化的教堂與所有被美化的群眾。基督是一個未曾受過美化的人，他在一座被美化的教堂裡對一群被美化的群眾講道，他說提出真相是為了受苦——他**遭人吐口水**，而他說的是真話。

教堂一片騷動；群眾大喊：把他拉下來，把他丟出去！但傳道人站起來，以震耳欲聾的聲音壓住所有的喧鬧：你們看，現在就對了，現在我正在傳揚基督教。假若他們一開始就懷疑我的企圖，我就會被阻止，無法登上這裡的講道壇，要不然，就是所有的人都留在家裡。但現在我站在這裡，我講了道，我讓你們在上帝之前負責；你們必須聽請楚我說的話，因為我說的是真理。

現在，你們覺醒了。

一八四九年

227

講道——講課

他們正在爭論哪一種講道形式最正確。

重點是這樣：我們現在所知的講道（即演講、雄辯），是完全不符合基督教教義的溝通形式。

基督教教義只能透過見證的方式傳達，亦即，傳達的人要在現實中展現他們的主張，並在生活中落實。

不論何時，當敏斯特主教表現得最聰明且最受人崇敬時，從基督教的觀點來看，他也最不實在。喔，有一個想法格外讓人害怕：這一群因為崇敬而變得蠢笨的群眾，會對著可憐、殉道的使徒發洩憤怒——這些使徒才是付諸實行的人，他們實踐了敏斯特主教高調傳布的道。

一八五〇年

228

測試基督教世界

命令牧師在星期天閉嘴。那還剩下什麼呢？那就是，本質！剩下人類的生活，日常生活；這些都是牧師用來講道的素材。那麼，當你環顧四周，你還會認為他們所傳布的是基督教？

一八五〇年

229

……我是對的，這點人盡皆知——包括敏斯特主教在內。我是對的，而且所有人都知道我是對的，從來沒有一個人因此而崇敬我——包括我自己在內。

一八五〇年

空口白話

230

今天我和一位總主教談話。他熱心解釋說他真正需要的是托缽修士。那麼，為什麼這位總主教本人沒有成為托缽修士呢？至少，以這一點來說，沒有人能說：「**我做不到**」，因為這只是意願的問題。換言之，這位總主教寧願留在豐美的生活環境裡。但等到星期天來了，他會佈達一篇動人的講道，說我們真正需要的乃是托缽修士。

然後，再進一步的情況是：假設我們之中真的出現一位托缽修士，這位總主教會怎麼樣？他會立刻善用機會宣稱：「這就是我一向主張的」——而且會把自己想成就是這位托缽修士。但他應該會領悟到自身的罪惡感更重、更深了，而且更大聲到欲衝口而出了，因為他一向宣稱我們需要的就是托缽修士，但他卻沒這麼做。

再來會是：如果這位托缽修士留在我們身邊一年，在第一批大聲嚷嚷的群眾哩，其中一人將會是總主教：「這太誇張了——這太過分了。」因為，如今事態似乎認真起來了。

你看，這位總主教安居在他豐厚的生活當中，然後密切注意另一個更好的典範，當作他可以套入的角色。這完全是人們的空口白話！就去說這些空口白話吧——你將會從中發現進步與改善。至於真理：這個世界的真理不會有所進展——只會退步。

一八五〇年

231

神職人員

神職人員是執行的力量。現在，為了能夠真正預見目前主事者所造成的混亂，請想像一下，比方說，想像警察面對偷竊等行為時，不是採取行動，反而開始**講課**。

一八五一年

232

詐騙

有人向我保證，他代表的基督教溫和且可親，完全是為了赦免他的信徒；但這表示他用更嚴格的標準律己嗎？不！啊哈！因此，我們在這裡又遭遇了模稜兩可的問題：他赦免自己，但同時又希望享有好處，希望人們因為他溫柔對待他們而喜歡他、愛戴他。

一八五一年

233

從海外之旅回來，回來時剛好碰到黑格爾哲學的重要時刻，他大出風頭，成就非凡，贏得整個大學都起而支持他的觀點及「體系」，唉，甚至威脅到我尊敬的敏斯特主教，讓他變得多餘。之後黑格爾擁有輝煌的公務事業，擁有高級辦公室，滿足各個方面的物質存在，同時也動用了以我們的條件來說相當強大的人脈；之後，他更憑藉高階神職人員的身分，和整個有教養的世界搭上線。我什麼都不是，而且也什麼都應付不了，只能聽任自己沉溺在——從財務觀點來說亦然——昂貴的歡愉裡，在丹麥當個作家；之後，我甚至連「什麼都不是」都稱不上了：我成為嘲笑與揶揄的對象；後來，更高階層中忌妒我的人們，也回過頭來用這些嘲笑揶揄來打擊我，因為這些人拒絕理解我的行動方針乃是由宗教性的因素主導，我假設他們反正根本也不懂；他們無法理解我在這個道德頹喪、講究文藝的環境下走上一條值得尊敬的路。當馬登遜教授在闡述他的「系統」時我並不認同他，而，我猜想，他也並不認同我，因為在他和「更高層圈子」主導之下，「公眾意見」向來斷定我所做的、所提供的都過時了。就我而言，我透過筆名來表達我的不認同，同樣以淡泊、深奧的形式呈現，書中的場景或許也大可設定在日耳曼地區；「Privat Dozent」（講師、助理教授〔德語〕）是這裡的常態性人物，丹麥還沒有這樣的角色。書裡從未提到馬登遜的名號，一切都限於小說的架構，這樣滿足了身為作者的我，讓我開心；我知道，這位西蘭島的大主教，這位我們當中的老傢伙，在承平時是很棒的朋友。但馬登遜無法保持沉默；在他的教義序言中，他在無可抗拒之下稍微提到我。但為什麼只是稍微一提？要不就重重打擊我，要不就完全沉默。

（儘管如此，他還是得為這稍微一提付出高昂的代價。）

一八五一年

234

神職人員；我的事

我想像中有一位神職人員。在私人的對話中，我盡我所能對他講得清清楚楚，基督教不存在。然後呢？且讓我以小品文的形式來說。

他回到他的村莊（他是一名鄉村牧師）。回到家時有家人迎接他，他忙著處理擱下的事情——然後就到了傍晚。吃過晚餐後，他和妻子談話，他說：「齊克果**大師**真是一個奇怪的人！我昨天和他談了很久，我相信有幾個小時，他對我講得很清楚，他說實際上基督教並不存在。真是個怪人。」

然後星期天到了，我們這位主教在輪班時平靜地講道（他是其中一位善良、誠實的牧師，這些人每六年才重複一次講道），他背下來，在星期天早晨以合宜的態度佈道。在這一年裡，他的妻子生下另一個嬰兒，因為這是個男孩，所以這位母親堅持他一定要成為上帝的學生，父親也同意，他已經可以想見男孩成為他的後繼，過著他現在過的生活——

——這完全說明了基督教並不存在。

喔，人要面對的就是你們這樣的笨蛋。這樣的人有幾百萬——或者說，人類都是這樣的。

這位牧師不曾有一刻想過，基督教完全不存在，對他個人而言一定有某些意義。只要國家繼續付薪水給這位牧師說廢話，以基督教之名服事與推銷，他就沒什麼好擔心的。

至於他的妻子，當他對她說齊克果大師明白地說基督教並不存在，此時她以既天真且嬌弱的態度說：「天啊，路維，那你怎麼能成為牧師呢？——我是說，如果基督教不存在的話？」他只需要回答：「嗯，我的好蘇菲亞，只要我別從這個角度來了解問題，恐怕對我們所有人來說都是最好的，因為我不知道妳能不能賺錢養我和孩子！」顯然不需要再多說什麼了：霎時之間，蘇菲亞便經歷了質變：她自發性地承認她說的話是早年少女時代的遺毒，沒有人比她更能證明牧師所做的決定，最能維持當下的美好狀態。

一八五四年

第七部　生與死

235

敏斯特主教

如今，他[1]過世了。

如果曾經有人能強力影響他，讓他在人生結束時承認他代表的基督教並非真正的基督教，而是一種軟弱的基督教形式，這一點是為人所樂見的，因為他可是把一整個當代都扛在肩上。

因此，我必須抱持開放的態度，認定他可能會承認這一點，一直到最後；還真的是要到最後，因為他很有可能在臨終前承認。因此，我一定不能因為他尚未承認而攻擊他；也因此，我必須忍受一切（即便當他在高許密特事件中做了一件過分的事[2]時也一樣），因為誰知道這樣做是否能引發一些反應，影響他、促使他承認這一點。

如今，他尚未承認這一點便過世，一切都不同了。他留下的，是他所傳揚的基督教，凝結成一場騙局。

我對這位先父的主教，懷抱的是一份憂鬱的景仰與敬愛，現在這方面的狀況也不同了；在他過世之後，倘若仍不容許我在談到他時少點尊敬，那也是過分的要求了，但我也非常清楚，我昔日（對他）的摯愛與美學上的景仰仍留下了印記，深深吸引著我。

我最初的希望，本來是由我自己讓一切轉向，並把這變成是敏斯特的成就。之後我領悟到，這仍是我的願望；但我只有個小小要求，就是要他坦承這一點，我這麼做並非為了我自己，因此，我認為，這或許可以設法達成，並把這變成敏斯特主教的勝利。

從我們之間出現暗暗的誤解開始，我的心願是，或許至少可做到避免在他還在世時攻擊他，而我認為我自己可能會先一步而去。

但有一次局面非常、非常驚險：我相信我會攻擊他。我只錯過一次他的佈道：最後一次。妨礙我出席的並非疾病，正好相反，那個星期天我去了克爾多夫（Kolthorf）牧師的教堂。聽此人說話是一個徵兆，讓我明白：「現在是行動的時候了：你必須打破從你父親的時代就傳下來的傳統」——那個星期天早上，是敏斯特最後一次傳道。讚美上帝：這樣的安排宛若出於天意。

倘若敏斯特主教能夠投降（任何人都不需要知悉），這就會成為他的勝利，那麼，

1 編按：指敏斯特主教，逝於一八五四年一月三十日，齊克果的日記從一八五三年十一月二日中斷後，一直到此時才出現此篇。

2 編按：敏斯特曾在書中到高許密特的話「我們當中最有才華的作家」來讚美齊克果，這讓齊克果難以釋懷。

我的外在處境也可以變得更為安適些；這是因為，我相信，敏斯特心中一定在心智與性靈面上給我打了高分，他用他世俗的聰明算計，認為到最後我可能會在某方面對他投降，因為，從財務上來說，我無法撐得比他更久。他常常在對話中重複一句隨意講出來的話——不是特意針對我——非常有特色：重要的不是誰最強大，而是誰撐得最長久。

一八五四年三月一日

236

引發災難性的效應

很多人害怕變成我，如果他們去理解的話，就會發現這離他們有多遙遠；但是，確實，近來我心裡一直在想，上帝會不會是要我孤注一擲引起災難，然後要我遭到逮捕、定罪，不，可能的話，還要被處死刑。在我的靈魂裡，我憂慮著，如果我做不到的話，我會不會永世後悔？對於這一點，我只能想著我永遠都能信任上帝：祂將會保護我，不會讓我做不到該完成的任務，以至於永世都後悔。

如果我能引發災難性的效應，我想應該會是這樣的：在沉默一段時間之後，我出人意表地「大聲吶喊」，說正式敬拜上帝是瀆神之舉，相當於大家聯合起來一起犯罪。

但，在我心裡尚未釐清這件事之前，卻發生了其他事，我刊出一篇文章，以敏斯特為主題來攻擊馬登遜。這是已經削弱了引發災難的「大聲吶喊」可能會有的效果。

此外，重看（〈大聲吶喊〉〔The Outcry〕）這篇文章，我看出我一直打算用某些說明性的小冊子繼續寫下去；同樣的，這些小冊子也會削弱我要引發的災難性效應。

而，關於我自己，我不得不去想我是否真有的能夠——如果能安排的話——好好去坐牢，最後被處死刑；這整套戰鬥方法是否會在我身上引發嚴重的干擾效應，導致我根本沒辦法完成。

不管如何，這件事我會讓上帝做決定。

但，關於引發災難性效應，我想到另外一個的顧忌。我其實無法用我想像中的方式完成這項任務。在目前的情況下，道德已經頹喪，人們大可直接對著現狀吐口水，因此，比較好的方法是悄悄進行，小心不要挑起法律上的糾紛。那也是我的經驗；實際上我已經往引發災難的方向運作過，如果有任何人（在目前局勢之下）有一丁點想要訴諸法律的企圖，我最近一篇攻擊馬登遜的文章可作為測試。

然而，若現實狀況確實如此深陷痛苦不幸，道德頹喪的狀況如此嚴重，以至於很清楚的是一切都是謊言，不論如何都不會敢於訴諸訴訟、逮捕與處決等法律程序，那麼，我把眼光瞄準在這裡，就絕對是錯誤；即便對手是卑鄙下賤的人，我還是可能很輕易就把未來所有的操作搞砸。這樣一來，對於群眾而言也會是很可惜的事；畢竟，想到星期天早上一切如常，就算我用盡力氣對他們強調公開敬拜相當於嘲弄上帝之後，仍無任何改變（順帶一提，現在的情況就是這樣），就讓人害怕。馬登遜在這方面習慣保持沉默，確實是惡質的糟蹋；不，是瀆神。事實上，群眾必須（對馬登遜）說的話，就像歐希妮女爵（Countess Orsini）對瑪瑞納莉（Marinelli）所說的一樣：「請你仁慈一點，拜託，說個小謊；畢竟，這比保持這樣的緘默要好得多。」[3]

如果一個人想要有所行動，挑起大災難，那麼，他必須應付的問題會和我迄今心裡想的事情大不相同。

那樣的話，程序會是像這樣：

此人一開始先證明問題很嚴重，所有學院派的爭論辯證都很幼稚。因此，他要求——以基督教之名要求——代表現狀的人要用盡一切方法來捍衛基督教。

因而，此人必須堅持要遭控訴，請求被逮捕，要求當權者盡可能地嚴苛處理，甚至到攸關生死的地步。

此人對於現實狀況的控訴，總括而言罪名是：一切都是謊言，敬拜上帝是瀆神，參與其中，便是犯罪；起訴時還要加重罪名，因為證據顯示「現狀」很清楚這是一個謊言，正因如此，「現實狀況」才必須避免對我採取法律行動。

即便如此，我也不認為實際上有可能誘導他們逮捕我，更別說處決我了。

喔，然而，明白現實狀況沉淪得有多深，痛苦和不幸有多沉重，以及那些卑鄙小人的下流、平庸與虛偽有多嚴重，真是讓人難過。

但，也正是基於這些理由，對於後代來說這反而是一道閃耀的光。我們可以用一段無與倫比的巧妙言語來描述現狀：就好像敏斯特以真理見證者、真正的真理見證人之一

3 編按：出自德國劇作家萊辛（Gotthold Ephraim Lessing, 1729–1781）的著名悲劇作《艾蜜麗雅・迦洛蒂》（*Emilia Galotti*）。

的身分入土。

一八五五年

237

死離塵世

就算是勇敢的人，當牙醫師拿出工具要拔掉他的牙齒時，心裡也不會覺得輕鬆。即使是最勇敢的人，當外科醫師拿出工具要截掉他的手腳時，他心裡也會有異樣的感覺。

然而，每個人心中都有一些根深柢固的事物，比最頑固的大臼齒還牢固；人也有一些難以截掉的事物，比截掉手腳肢體還困難：那就是他的求生欲望。

故而，所有經驗都大聲對人們吶喊著：不論你要做什麼，務必要確保你不會失去求生欲望；不管你在人生失去什麼別的，只要你保有求生欲望，一定有機會把所有都討回來。

上帝看事情的角度不同。祂說，最重要的是，我必須剝奪人對生命的愛，這樣才可能讓他成為懷抱熱誠的基督徒，讓他死離塵世，痛恨自己並且愛我。

因此，可怕的是，上帝拿出祂擁有、人類力量無法操作的用具：折磨人類的求生意志，殺了他，讓他得以像已經死的人那樣活著。

此外別無他法；若非如此，人類就無法愛上帝。人必須活在痛苦的狀態下，如果是異教徒的話，會毫不猶豫馬上自殺。在那種狀態下，他才能夠——活著！惟有在那種狀態下，他才可以愛上帝。我不是指每一個處在那種狀態下的人都必須愛上帝，絕對不是；我的意思只是說，那種狀態是能愛上帝的必要條件。

以下這種宗教，已經變成丹麥的國教：一千位宣誓教士或獸醫與他們的家人，藉由宗教而賺得生計。

一八五五年七月二日

成為基督徒

238

在所有折磨中，身為基督徒是最可怕的一種；身為基督徒是——也應該是——在今生就知道地獄何在。

人最怕什麼？最可能是死亡，其中最可怕的莫過於臨終時的痛苦，因此，希望這個過程愈短愈好。

但身為基督徒就是要處於死亡狀態——（你必須死去，痛恨自己）——然而，在那之後，你必須活著，可能活四十年，就處在那樣的狀態下！（我們厭惡去理解動物被用作活體解剖時所受的苦，但與身為基督徒的苦相比之下，這不過是九牛一毛而已：基督徒要在死亡的狀態下活著。）

但，那還沒完；還有更嚴重的。圍繞在臨終者身邊的人通常不會對他放聲大笑，因為此人在臨終時多半在痛苦呻吟。通常人們也不會因此而憎恨、詛咒或厭惡他。而這樣的折磨是身為基督徒不可分割的一部分；每當真正的基督教在這個世界現身時，這番折磨也就隨之出現。

基督徒飽受一股痛苦的懷疑折磨，除此之外，還要加上罪惡隨時可能出現，無時無刻都在找機會要製造恥辱：（罪惡的聲音會說）這番折磨本就是上帝的愛，這是你從小就應該了解的上帝之愛；大家什麼事都講給你聽過了，唯獨沒說過這件事。而，祂是愛，無盡的愛，但祂只能在你臨死時愛你，無盡的慈愛把永世的折磨變成暫時的折磨。

至於那些該遭人詛咒的騙子，願他們受苦，願他們受苦，他們拿著進入天堂的鑰匙，但他們不僅自己拒絕進去，還阻擋他人不得其門而入。

一八五五年七月二日

239 在世間的生命意義就是要成為基督徒

在世間的人生目的就是要引領我們達到最高等級的taedium vitae（厭世（拉丁文

」）。

被領到這個境地來的人可以堅持，或者在上帝幫助之下堅持一個想法，認定就是上帝藉由祂的愛把他帶到這裡來：從基督徒的觀點來看，他通過了生命的測試，已經成熟，可以進入永生。

我犯下一樁反抗上帝意志的罪行。從某方面來看，錯不在我，但這確實使我成為上帝眼中的罪犯，那就是給予生命。這樁罪行帶來的懲罰是：所有生命的欲望都被剝奪，被帶進最高等級的taedium vitae。人類企圖模仿上帝的所作所為，如果無法創造人類，最少也可以傳遞生命。「你將必須為此付出代價，因為這一生的目標——藉由我的慈愛，惟有那些得救的人，我才會讓他們見識這份慈愛——是要把你帶進最高等級的taedium vitae。」

大多數人現在都已經失去性靈，所以被上帝的慈愛拋棄，前述的懲罰完全不適用於他們身上。他們迷失在今生中，牢牢抓住這一輩子；他們本來就什麼都不是，最後還是什麼都不是，他們的生命都是徒勞。

留住一些性靈且尚未完全被上帝的慈愛拋棄的人，被帶到這裡，體驗到最高等級的

taedium vitae。但他們無法據此調校自我，而且還背叛上帝。

唯有那些被帶到最高等級的taedium vitae，且能藉由上帝的慈愛堅持上帝的所作所為皆出於愛的人，唯有這樣的人，在他們的靈魂裡，甚至連靈魂的最深處，都沒有一絲隱藏的懷疑，不信上帝確實是愛；唯有這些人才足夠成熟能進入永生。

這些是上帝在永生處會接受的靈魂。上帝對他們有何期望？祂希望這些靈魂能讚美、敬拜、頌揚及感謝祂——就是天使會做的事。有些人——他們是「基督教」裡的legio（古羅馬軍團〔拉丁文〕）——可以為了十枚銀幣大聲呼喊並吹奏號角，以頌揚、讚美上帝，但這些人會發現上帝並不愛他們。確實不愛。惟有天使能取悅祂。然而，比天使的頌揚更能取悅上帝的，是一個人在世間的生命結束之時，當上帝把自己化身成絕對的殘酷，並用這份以最殘酷方法規劃出來的殘酷，竭力剝奪他全部的求生意向之時，他仍堅信上帝是愛，上帝對他所做的一切都出於愛。這樣的人將會成為天使。在天堂，他很容易就能頌揚上帝；然而，我們知道，學徒期間、學習過程，永遠都是最困難的。就如同一個人突發奇想走遍全世界，只為了一聞歌手唱出完美的音調，上帝也坐在天堂傾聽。每一次祂聽到被他帶進最高等級taedium vitae的人讚頌祂時，祂會對自己說：

「啊，就是這個調！」祂會說：「就是這個。」彷彿祂剛剛發現了什麼。上帝自己會現身，貼近此人，並且幫助他；要在自由當中才可以達成的，均為上帝可以協助的範圍；唯有自由意志才可達成；而，讓人驚奇的是，透過感謝上帝、彷彿這是上帝完成的工作，此人得以表達自我，而且他很高興自己能夠做到，高興到什麼都聽不見。聽不見任何關於這是他自己完成的說法，他把一切歸於上帝的恩惠，向上帝禱告，願一切都維持在如今的狀態：完成的人是上帝，因為這個人並不相信自己，他相信的是上帝。

一八五五年九月二十五日[4]

4 編按：齊克果的日記結束於此，一星期後，即一八五五年十月二日，他在散步時倒在途中，之後被送往醫院，一八五五年十一月十一日過世，享年四十二歲。

國家圖書館出版品預行編目資料

齊克果日記／齊克果（Søren Aabye Kierkegaard） 著；吳書榆譯. -- 初版. --
臺北市：商周出版：家庭傳媒城邦分公司發行, 民105.10
面； 公分
譯自：Søren Kierkegaards Dagbøger 1836-1855
(平裝)

ISBN 978-986-477-107-3(平裝)

1.齊克果 (Kierkegaard, Søren, 1813-1855) 2.學術思想 3.存在主義

149.63 105017174

齊克果日記

原著書名／Søren Kierkegaards Dagbøger 1836-1855
作　　者／齊克果（Søren Aabye Kierkegaard）
譯　　者／吳書榆
責任編輯／賴芊曄

版　　權／林心紅
行銷業務／李衍逸、黃崇華
總 編 輯／楊如玉
總 經 理／彭之琬
發 行 人／何飛鵬
法律顧問／台英國際商務法律事務所 羅明通律師
出　　版／商周出版
台北市 104 民生東路二段 141 號 9 樓
電話：(02) 25007008　傳眞：(02)25007759
E-mail：bwp.service@cite.com.tw
Blog：http://bwp25007008.pixnet.net/blog
發　　行／英屬蓋曼群島商家庭傳媒股份有限公司城邦分公司
台北市中山區民生東路二段 141 號 2 樓
書虫客服服務專線：(02)25007718；(02)25007719
服務時間：週一至週五上午09:30-12:00；下午13:30-17:00
24小時傳眞專線：(02)25001990；(02)25001991
劃撥帳號：19863813；戶名：書虫股份有限公司
讀者服務信箱：service@readingclub.com.tw
城邦讀書花園：www.cite.com.tw
香港發行所／城邦（香港）出版集團有限公司
香港灣仔駱克道 193 號東超商業中心 1 樓
E-mail：hkcite@biznetvigator.com
電話：(852) 25086231 傳眞：(852) 25789337
馬新發行所／城邦（馬新）出版集團【Cite (M) Sdn. Bhd.】
41, Jalan Radin Anum, Bandar Baru Sri Petaling,
57000 Kuala Lumpur, Malaysia.
Tel: (603) 90578822 Fax: (603) 90576622
Email: cite@cite.com.my

封面設計／陳文德
排　　版／極翔企業有限公司
印　　刷／韋懋實業有限公司
經 銷 商／聯合發行股份有限公司
電話：(02) 2917-8022 Fax: (02) 2911-0053
地址：新北市 231 新店區寶橋路 235 巷 6 弄 6 號 2 樓

■ 2016 年（民 105）10 月初版
■ 2022 年（民 111） 3 月 16 日初版 2.4 刷
定價 360 元

Printed in Taiwan

城邦讀書花園
www.cite.com.tw

 ISBN 978-986-477-107-3

商周出版

廣　告　回　函
北區郵政管理登記證
北臺字第000791號
郵資已付，免貼郵票

104　台北市民生東路二段141號2樓

英屬蓋曼群島商家庭傳媒股份有限公司城邦分公司　收

請沿虛線對摺，謝謝！

商周出版

書號：BA9017	書名：齊克果日記	編碼：

請於此處用膠水黏貼

商周出版

讀者回函卡

感謝您購買我們出版的書籍！請費心填寫此回函卡，我們將不定期寄上城邦集團最新的出版訊息。

不定期好禮相贈！
立即加入：商周出版 Facebook 粉絲團

姓名：______________________ 性別：☐男 ☐女

生日：西元__________年__________月__________日

地址：______________________

聯絡電話：______________ 傳真：______________

E-mail ：

學歷：☐ 1. 小學 ☐ 2. 國中 ☐ 3. 高中 ☐ 4. 大學 ☐ 5. 研究所以上

職業：☐ 1. 學生 ☐ 2. 軍公教 ☐ 3. 服務 ☐ 4. 金融 ☐ 5. 製造 ☐ 6. 資訊

☐ 7. 傳播 ☐ 8. 自由業 ☐ 9. 農漁牧 ☐ 10. 家管 ☐ 11. 退休

☐ 12. 其他______________

您從何種方式得知本書消息？

☐ 1. 書店 ☐ 2. 網路 ☐ 3. 報紙 ☐ 4. 雜誌 ☐ 5. 廣播 ☐ 6. 電視

☐ 7. 親友推薦 ☐ 8. 其他______________

您通常以何種方式購書？

☐ 1. 書店 ☐ 2. 網路 ☐ 3. 傳真訂購 ☐ 4. 郵局劃撥 ☐ 5. 其他______

您喜歡閱讀那些類別的書籍？

☐ 1. 財經商業 ☐ 2. 自然科學 ☐ 3. 歷史 ☐ 4. 法律 ☐ 5. 文學

☐ 6. 休閒旅遊 ☐ 7. 小說 ☐ 8. 人物傳記 ☐ 9. 生活、勵志 ☐ 10. 其他

對我們的建議：______________________

____

____

【為提供訂購、行銷、客戶管理或其他合於營業登記項目或章程所定業務之目的，城邦出版人集團（即英屬蓋曼群島商家庭傳媒（股）公司城邦分公司、城邦文化事業（股）公司），於本集團之營運期間及地區內，將以電郵、傳真、電話、簡訊、郵寄或其他公告方式利用您提供之資料（資料類別：C001、C002、C003、C011 等）。利用對象除本集團外，亦可能包括相關服務的協力機構。如您有依個資法第三條或其他需服務之處，得致電本公司客服中心電話 02-25007718 請求協助。相關資料如為非必要項目，不提供亦不影響您的權益。】

1.C001 辨識個人者：如消費者之姓名、地址、電話、電子郵件等資訊。
2.C002 辨識財務者：如信用卡或轉帳帳戶資訊。
3.C003 政府資料中之辨識者：如身分證字號或護照號碼（外國人）。
4.C011 個人描述：如性別、國籍、出生年月日。

請於此處用膠水黏貼